ISBN 978-0-259-34634-0
PIBN 10664659

1 MONTH OF
FREE
READING

at
www.forgottenbooks.com

By purchasing this book you are
eligible for one month membership to
ForgottenBooks.com, giving you
unlimited access to our entire
collection of over 700,000 titles via
our web site and mobile apps.

To claim your free month visit:
www.forgottenbooks.com/free664659

English
Français
Deutsche
Italiano
Español
Português

www.forgottenbooks.com

Mythology Photography **Fiction**
Fishing Christianity **Art** Cooking
Essays Buddhism Freemasonry
Medicine **Biology** Music **Ancient
Egypt** Evolution Carpentry Physics
Dance Geology **Mathematics** Fitness
Shakespeare **Folklore** Yoga Marketing
Confidence Immortality Biographies
Poetry **Psychology** Witchcraft
Electronics Chemistry History **Law**
Accounting **Philosophy** Anthropology
Alchemy Drama Quantum Mechanics
Atheism Sexual Health **Ancient History**
Entrepreneurship Languages Sport
Paleontology Needlework Islam
Metaphysics Investment Archaeology
Parenting Statistics Criminology
Motivational

ÉTAT GÉNÉRAL

DES POSTES

DU

ROYAUME DE FRANCE,

SUIVI DE LA CARTE GÉOMÉTRIQUE DES ROUTES DESSERVIES EN POSTE ,
AVEC DÉSIGNATION DES RELAIS ET DES DISTANCES :

Paris,

DE L'IMPRIMERIE ROYALE.

1818.

AVIS.

LE LIVRE DE POSTE se trouve chez les Maîtres de poste des principales villes du Royaume, et chez MM. *LE PRIEUR., Commissionnaire en librairie, rue des Mathurins, hôtel de Cluny ; BELIN fils, Libraire, quai des Augustins, n.° 35 ; P. A. F. TARDIEU, Graveur de l'Administration des Postes, place de l'Estrapade., n.° 1 ;* M. *CABANY l'aîné, Marchand de papier, hôtel Saint-Aignan, rue Sainte-Avoye,* et MM. *Jean GOUJON, Marchand de cartes géographiques, rue du Bac, n.° 6,* et *DE LA TYNNA, rue Jean-Jacques Rousseau, n.° 20, à Paris.*

Le relais de la Poste aux chevaux est établi, à Paris, rue Saint-Germain-des-Prés, n.° 10, faubourg Saint-Germain.

A 2

ÉCLIPSES DE L'AN 1818.

Il y aura, cette année, trois Éclipses, une de Soleil et deux de Lune.

Le 20 avril, Éclipse de Lune, visible à Paris.

Le 5 mai, Éclipse partielle de Soleil, visible à Paris.

Le 14 octobre, Éclipse de Lune, visible à Paris.

LES QUATRE SAISONS.

Le PRINTEMPS commencera le 20 Mars 1818, à 11ʰ 33′ du matin, le Soleil entrant dans le signe du Bélier, *équinoxe de printemps.*

L'ÉTÉ commencera le 21 Juin, à 9ʰ 9′ du matin, le Soleil entrant dans le signe de l'Écrevisse, *solstice d'été.*

L'AUTOMNE commencera le 23 Septembre, à 11ʰ 1′ du soir, le Soleil entrant dans le signe de la Balance, *équinoxe d'automne.*

L'HIVER commencera le 21 Décembre, à 8ʰ 3′ du matin, le Soleil entrant dans le signe du Capricorne, *solstice d'hiver.*

JANVIER.

Jours du mois.	JOURS DE LA SEMAINE.	NOMS DES SAINTS.	PHASES de la Lune.
1	Jeudi............ à Paris	CIRCONCISION.	
2	Vendredi............	S. Basile, évêque.	
3	Samedi............	S. Geneviève.	
4	DIMANCHE............	S. Rigobert.	
5	Lundi............	S. Siméon-Stylite.	
6	Mardi............	ÉPIPHANIE.	N. L. le 6.
7	Mercredi............	S. Théau.	
8	Jeudi............	S. Lucien.	
9	Vendredi............	S. Furcy.	
10	Samedi............	S. Paul l'hermite.	
11	DIMANCHE............	S.te Hortense.	
12	Lundi............	S. Arcade.	
13	Mardi............	Baptême de N. S.	
14	Mercredi............	S. Hilaire.	P. Q. le 14.
15	Jeudi............	S. Maur, abbé.	
16	Vendredi............	S. Guillaume.	
17	Samedi............	S. Antoine.	
18	DIM. Septuagésime.....	Chaire S. Pierre à Rome.	
19	Lundi............	S. Sulpice.	
20	Mardi............	S. Sébastien.	
21	Mercredi............	S.te Agnès.	
22	Jeudi............	S. Vincent.	Pl. L. le 22.
23	Vendredi............	S. Ildefonse.	
24	Samedi............	S. Babylas.	
25	DIM. Sexagésime.....	Conversion de S. Paul.	
26	Lundi............	S. Polycarpe.	
27	Mardi............	S. Julien.	
28	Mercredi............	S. Charlemagne.	
29	Jeudi............	S. François de Sales.	D. Q. le 29.
30	Vendredi............	S.te Bathilde.	
31	Samedi............	S. Pierre-Nolasque.	

Les jours croissent, pendant ce mois, de 31 m. le matin et de 31 m. le soir.

A 3

FÉVRIER.

Jours du mois	JOURS DE LA SEMAINE.	NOMS DES SAINTS.	PHASES de la Lune.
1	Dim. *Quinquagésime*...	S. Ignace.	
2	Lundi...........	PURIFICATION.	
3	Mardi...........	S. Blaise.	
4	Mercredi........	*Les Cendres.*	
5	Jeudi...........	S.te Agathe.	N. L. le 5.
6	Vendredi........	S. Vast.	
7	Samedi..........	S. Romuald.	
8	1.er Dim. *Quadragésime*	S. Jean de M.	
9	Lundi...........	S.te Apolline.	
10	Mardi...........	S.te Scolastique.	
11	Mercredi........	Q. *temps.* S. Severin.	
12	Jeudi...........	S.te Eulalie.	
13	Vendredi........	S. Lezin.	P. Q. le 13.
14	Samedi..........	S. Valentin.	
15	2. Dim. *Reminiscere*..	S. Joyite.	
16	Lundi..........	S.te Julienne.	
17	Mardi...........	S. Silvain.	
18	Mercredi........	S. Siméon.	
19	Jeudi...........	S. Gabin.	
20	Vendredi........	S. Euchet.	
21	Samedi..........	S. Flavien.	P. L. le 21.
22	3. Dimanche. *Oculi*..	Chaire de S. P. à Ant.	
23	Lundi..........	S. Damien.	
24	Mardi..........	S. Mathias.	
25	Mercredi........	S. Taraise.	
26	Jeudi...........	S. Porphyre.	
27	Vendredi........	S.te Honorine.	
28	Samedi..........	S. Romain.	D. Q. le 28.

M A R S.

Jours du mois.	JOURS DE LA SEMAINE.	NOMS DES SAINTS.	PHASES de la Lune.
1	4. DIMANCHE. *Lætare.*	S. Aubin, évêque.	
2	Lundi...............	S. Simplice.	
3	Mardi...............	S. Méléce.	
4	Mercredi............	S. Casimir.	
5	Jeudi...............	Les cinq Plaies.	
6	Vendredi............	S.te Colette.	
7	Samedi..............	S.te Perpétue.	N. L. le 7.
8	5 DIM. *La Passion*...	S. Ponce.	
9	Lundi...............	S. Jean de Dieu.	
10	Mardi...............	S. Boniface.	
11	Mercredi............	Les 40 Martyrs.	
12	Jeudi...............	S. Pol, évêque.	
13	Vendredi............	S.te Euphrasie.	
14	Samedi..............	S. Lubin, évêque.	
15	6. DIM. *Rameaux*....	S. Longin.	P. Q. le 15.
16	Lundi...............	S. Cyriaque.	
17	Mardi...............	S.te Gertrude.	
18	Mercredi............	S. Alexandre.	
19	Jeudi...............	S. Joseph.	
20	Vendredi............	*Vendredi-Saint.*	
21	Samedi..............	S. Benoît, abbé.	
22	DIMANCHE.........	PAQUES.	Pl. L. le 22.
23	Lundi...............	S. Victorien.	
24	Mardi...............	S.te Catherine de S.	
25	Mercredi............	Le bon Latron.	
26	Jeudi...............	S. Ludger.	
27	Vendredi............	S. Rupert.	
28	Samedi..............	S. Irénée.	
29	1.er DIM. *Quasimodo*...	S. Eustase.	D. Q. le 29.
30	Lundi...............	ANNONCIATION.	
31	Mardi...............	S.te Balbine.	

Les jours croissent, pendant ce mois, de 55 m. le matin et de 55 m. le soir.

A 4

jours du mois.	JOURS DE LA SEMAINE.	NOMS DES SAINTS.	PHASES de la Lune.
1	Mercredi.	S. Hugues.	
2	Jeudi.	S. François de Paule.	
3	Vendredi.	S. Richard.	
4	Samedi.	S. Ambroise.	
5	2. DIMANCHE.	S. Vincent Ferrier.	N. L. le 5.
6	Lundi.	S. Prudence.	
7	Mardi.	S. Hégésippe.	
8	Mercredi.	S. Denis, évêque.	
9	Jeudi.	S.te Marie Égyptienne.	
10	Vendredi.	S. Machire.	
11	Samedi.	S. Léon, pape.	
12	3. DIMANCHE.	S. Florentin.	
13	Lundi.	S. Justin.	P. Q. le 13.
14	Mardi.	S. Tiburce.	
15	Mercredi.	S. Paterne.	
16	Jeudi.	S. Fructueux.	
17	Vendredi.	S. Anicet.	
18	Samedi.	S. Ligobert	
19	4. DIMANCHE	S. Elphege.	
20	Lundi.	S. Hildegonde.	
21	Mardi.	S. Marcellin.	Pl. L. le 21.
22	Mercredi.	S.te Opportune.	
23	Jeudi.	S. George.	
24	Vendredi.	S.te Beuve.	
25	Samedi.	S. Marc, abstinence.	
26	5. DIMANCHE.	S. Clet, pape.	
27	Lundi. Les Rogations.	S. Polycarpe.	D. Q. le 27.
28	Mardi.	S. Vital.	
29	Mercredi.	S. Robert.	
30	Jeudi.	ASCENSION.	

Les jours croissent, pendant ce mois, de 52 m. le matin et de 52 m. le soir.

MAI.

Jours du mois	JOURS DE LA SEMAINE	NOMS DES SAINTS	PHASES de la Lune.
1	Vendredi.	S. Jacques, S. Philippe.	
2	Samedi.	S. Athanase.	
3	6. DIMANCHE	Invent. de la S.te Croix.	
4	Lundi.	S.te Monique.	
5	Mardi.	Conversion de S. Aug.	N. L. le 5.
6	Mercredi.	S. Jean-Porte-Latine.	
7	Jeudi.	S. Stanislas.	
8	Vendredi.	S. Désiré.	
9	Samedi.	Vig. jeûne. Tr. de S. Nic.	
10	DIMANCHE	PENTECOTE.	
11	Lundi.	S. Mamert.	
12	Mardi.	S. Epiphane.	
13	Mercredi.	Quat.-temps. S. Servais.	P. Q. le 13.
14	Jeudi.	S. Boniface.	
15	Vendredi.	S. Isidore.	
16	Samedi.	S. Honoré.	
17	1.er DIMANCHE	TRINITÉ.	
18	Lundi.	S. Félix.	
19	Mardi.	S. Célestin.	
20	Mercredi.	S. Yves.	Pl. L. le 20.
21	Jeudi. Pl.	FÊTE-DIEU.	
22	Vendredi.	S.te Julie.	
23	Samedi.	S. Didier.	
24	2. DIMANCHE	S. Donatien.	
25	Lundi.	S. Urbain.	
26	Mardi.	S. Philippe de Néri.	D. Q. le 26.
27	Mercredi.	S. Hildevert.	
28	Jeudi.	Fête-Dieu (Octave).	
29	Vendredi.	S. Maximin.	
30	Samedi.	S. Hubert.	
31	3. DIMANCHE	S.te Pétronille.	

Les jours croissent, pendant ce mois, de 41 m. le matin & de 40 m. le soir.

JUIN

Jours du mois.	JOURS DE LA SEMAINE.	NOMS DES SAINTS.	PHASES de la Lune.
1	Lundi...	S. Pothin.	
2	Mardi...	S. Pamphile.	
3	Mercredi...	S.te Clotilde.	N. L. le 3.
4	Jeudi...	S. Quirin.	
5	Vendredi.	S. Boniface.	
6	Samedi.	S. Claude.	
7	4. DIMANCHE	S. Mériadec.	
8	Lundi...	S. Médard.	
9	Mardi...	S. Prime.	
10	Mercredi...	S. Landry.	
11	Jeudi...	S. Barnabé.	P. Q. le 11.
12	Vendredi.	S. Justin.	
13	Samedi..	S. Antoine de Padoue.	
14	5. DIMANCHE	S. Basile.	
15	Lundi...	S. Rufin.	
16	Mardi...	S. Guy.	
17	Mercredi.	S. Ferréol.	
18	Jeudi...	S.te Marine.	P. L. le 18.
19	Vendredi.	S. Gervais, S. Protais.	
20	Samedi..	S. Silvère.	
21	6. DIMANCHE	S. Leufroy.	
22	Lundi...	S. Paulin.	
23	Mardi...	Vig.-jeûne. S. Lanfranc.	
24	Mercredi.	Nativ. S. Jean-Baptiste.	D. Q. 19
25	Jeudi...	Translation de S. Éloi.	
26	Vendredi.	S. Babolein.	
27	Samedi..	S. Ladislas, roi.	
28	7. DIMANCHE	Vigile-jeûne. S. Irénée.	
29	Lundi...	S. Pierre, S. Paul.	
30	Mardi...	Comm. S. Paul.	

Les jours cr. de 9 m. le matin et 10 m. le soir jusqu'au 21, et décr. de 3 m. jusqu'au 30.

JUILLET.

Jours du mois.	JOURS DE LA SEMAINE.	NOMS DES SAINTS.	PHASES de la Lune.
1	Mercredi............	S. Martial.	
2	Jeudi............	Visitation de N. D.	
3	Vendredi..........	S. Anatole.	N. L. le 3.
4	Samedi............	Transl. de S. Martin.	
5	8. DIMANCHE.......	S. Zoé.	
6	Lundi............	S. Tranquillin.	
7	Mardi............	S.te Aubierge.	
8	Mercredi..........	S.te Elisabeth.	
9	Jeudi............	S. Cyrille, évêque.	
10	Vendredi..........	S.te Félicité.	
11	Samedi............	Transl. de S. Benoît.	P. Q. le 11.
12	9. DIMANCHE......	S. Gualbert.	
13	Lundi............	S. Turiaf.	
14	Mardi............	S. Isaac.	
15	Mercredi..........	S. Henri.	
16	Jeudi............	Notre-Dame du M. C.	
17	Vendredi..........	S. Alexis.	Pl. L. le 17.
18	Samedi............	S. Clair, évêque.	
19	10. DIMANCHE......	S. Vincent de Paul.	
20	Lundi............	S.te Marguerite.	
21	Mardi............	S. Victor.	
22	Mercredi..........	S.te Madeleine......	
23	Jeudi............	S. Apollinaire.	
24	Vendredi..........	S.te Christine.	
25	Samedi............	S. Jacques, S. Christophe	D. Q. le 25.
26	11. DIMANCHE......	Transl. de S. Marcel.	
27	Lundi............	S. George.	
28	Mardi............	S.te Anne.	
29	Mercredi..........	S.te Marthe.	
30	Jeudi............	S. Abdon.	
31	Vendredi..........	S. Germain d'Auxerre.	

Les jours décroissent, pendant ce mois, de 28 m. le matin et de 29 m. le soir.

AOÛT.

Jours du mois.	JOURS DE LA SEMAINE.	NOMS DES SAINTS.	PHASES de la Lune.
1	Samedi........	S.te Sophie.	
2	12. DIMANCHE......	S. Étienne.	N. L. le 2.
3	Lundi............	Invent. de S. Étienne.	
4	Mardi............	S. Dominique.	
5	Mercredi..........	S. Yon, martyr.	
6	Jeudi............	Transfigurat. de N. S.	
7	Vendredi..........	Susc. de la S.te Croix.	
8	Samedi..........	S. Justin, martyr.	
9	13. DIMANCHE......	S. Romain.	P. Q. le 9.
10	Lundi............	S. Laurent.	
11	Mardi............	Susc. Sainte-Couronne.	
12	Mercredi..........	S.te Claire.	
13	Jeudi............	S. Hippolyte.	
14	Vendredi.........	Vigile-jeûne. S. Eusèbe.	
15	Samedi..........	ASSOMPTION.	
16	14. DIMANCHE......	S. Roch.	Pl. L. le 16.
17	Lundi............	S. Mammès.	
18	Mardi............	S.te Hélène.	
19	Mercredi..........	S. Louis, évêque.	
20	Jeudi............	S. Bernard.	
21	Vendredi..........	S.te Chantal.	
22	Samedi..........	S. Symphorien.	
23	15. DIMANCHE......	S. Sidoine.	D. Q. le 23.
24	Lundi............	S. Barthélemi.	
25	Mardi............	S. Louis.	
26	Mercredi..........	S. Zéphirin.	
27	Jeudi............	S. Césaire.	
28	Vendredi..........	S. Augustin.	
29	Samedi..........	S. Médéric.	
30	16. DIMANCHE......	S. Fiacre.	N. L. le 31.
31	Lundi............	S. Ovide.	

Les jours décroissent, pendant ce mois, de 18 m. le matin et de 48 m. le soir.

SEPTEMBRE.

Jours du mois	JOURS DE LA SEMAINE	NOMS DES SAINTS	PHASES de la Lune.
1	Mardi...............	S. Leu et S. Gilles.	
2	Mercredi............	S. Lazare.	
3	Jeudi...............	S. Grégoire.	
4	Vendredi............	S te Rosalie.	
5	Samedi..............	S. Bertin.	
6	17. DIMANCHE.......	S. Éleuthère.	
7	Lundi...............	S. Cloud.	P.L. Q. le 7
8	Mardi...............	NATIVITÉ de N. D.	
9	Mercredi............	S. Omer.	
10	Jeudi...............	S. Nicolas de Tolentin.	
11	Vendredi............	S. Hyacinthe.	
12	Samedi..............	S. Raphaël.	
13	18. DIMANCHE......	S. Maurille.	
14	Lundi...............	Exaltation-S te-Croix.	P.L. L. le 14
15	Mardi...............	S. Nicomède.	
16	Mercredi............	Q.-temps| S te Euphémie.	
17	Jeudi...............	S. Lambert.	
18	Vendredi............	S. Jean Chrysostome.	
19	Samedi..............	S. Janvier.	
20	19. DIMANCHE......	S. Eustache.	
21	Lundi...............	S. Mathieu.	
22	Mardi...............	S. Maurice.	D. Q. le 22
23	Mercredi............	S te Thècle.	
24	Jeudi...............	S. Andoche.	
25	Vendredi............	S. Firmin, évêque.	
26	Samedi..............	S. Cyprien.	
27	20. DIMANCHE.....	S. Côme et S. Damien.	
28	Lundi...............	S. Céran, évêque.	
29	Mardi...............	S. Michel.	
30	Mercredi............	S. Jérôme.	N.L. le 30.

Les jours décroissent, pendant ce mois, de 53 m. le matin et de 53 m. le soir.

OCTOBRE.

Jours du mois.	JOURS DE LA SEMAINE	NOMS DES SAINTS	PHASES DE LA Lune.
1	Jeudi...............	S. Remi.	
2	Vendredi...........	S. Anges gardiens.	
3	Samedi.............	S. Denis l'Aréopagite.	
4	21. DIMANCHE......	S. François.	
5	Lundi..............	Ste Aure.	
6	Mardi..............	S. Bruno.	
7	Mercredi...........	Ste Julie.	P.Q. le 7.
8	Jeudi..............	Ste Brigitte.	
9	Vendredi...........	S. Denis.	
10	Samedi............	S. Gédéon.	
11	22. DIMANCHE.....	S. Nicaise.	
12	Lundi.............	S. Wilfrid.	
13	Mardi.............	S. Géraud.	
14	Mercredi..........	S. Caliste.	Pl. L. le 14.
15	Jeudi.............	Ste Thérèse.	
16	Vendredi..........	S. Gal, abbé.	
17	Samedi............	S. Cerboney.	
18	23. DIMANCHE.....	S. Luc, évangéliste.	
19	Lundi.............	Ste Uranie.	
20	Mardi.............	S. Gervais.	
21	Mercredi..........	Ste Ursule.	
22	Jeudi.............	S. Mellon.	D.Q. le 22.
23	Vendredi..........	S. Hilarion.	
24	Samedi............	S. Magloire.	
25	24. DIMANCHE.....	S. Crépin, S. Crépinien.	
26	Lundi.............	S. Évariste.	
27	Mardi.............	S. Frumence.	
28	Mercredi..........	S. Simon et S. Jude.	8
29	Jeudi.............	S. Faron, évêque.	N. L. le 29.
30	Vendredi..........	S. Lucain.	30
31	Samedi............	Vigile-jeûne. S. Quentin.	

Les jours décroissent pendant ce mois, ... de ... soir.

NOVEMBRE.

Jours du mois	JOURS DE LA SEMAINE	NOMS DES SAINTS.	PHASES de la Lune.
1	25. DIMANCHE........	TOUSSAINT.	
2	Lundi...............	Les Morts.	
3	Mardi...............	S. Marcel.	
4	Mercredi............	S. Charles-Borromée.	
5	Jeudi...............	S.te Berthile.	P. Q. le 5.
6	Vendredi............	S. Léonard.	
7	Samedi..............	S. Florent.	
8	26. DIMANCHE.......	S.tes Reliques.	
9	Lundi...............	S. Mathurin.	
10	Mardi...............	S. Léon-le-Grand.	
11	Mercredi............	S. Martin, évêque.	
12	Jeudi...............	S. René, évêque.	Pl. L. le 12.
13	Vendredi............	S. Gendulfe.	
14	Samedi..............	S. Bertrand.	
15	27. DIMANCHE.......	S. Maclou.	
16	Lundi...............	S. Edme.	
17	Mardi...............	S. Agnan, évêque.	
18	Mercredi............	S.te Aude.	
19	Jeudi...............	S.te Élisabeth.	
20	Vendredi............	S. Edmond.	
21	Samedi..............	Présentation de N. D.	D. Q. le 21.
22	28. DIMANCHE......	S.te Cécile.	
23	Lundi...............	S. Clément.	
24	Mardi...............	S. Séverin.	
25	Mercredi............	S.te Catherine.	
26	Jeudi...............	S.te Geneviève des A.	
27	Vendredi............	S. Vital.	
28	Samedi..............	S. Sosthène.	N. L. le 28.
29	Pl. d DIMANCHE......	Avent S. Saturnin.	
30	Lundi...............	S. André, apôtre.	

Les jours décroissent pendant ce mois, de 92 m. le matin et de 42 min. le soir.

DÉCEMBRE.

Jours du mois.	JOURS DE LA SEMAINE.	NOMS DES SAINTS.	PHASES de la Lune.
1	Mardi.............	S. Éloi.	
2	Mercredi..........	S. François-Xavier.	
3	Jeudi.............	S. Anthime.	
4	Vendredi.........	S.te Barbe.	P. Q. le 4.
5	Samedi...........	S. Sabas.	
6	2. DIMANCHE......	S. Nicolas.	
7	Lundi............	S.te Fare.	
8	Mardi............	CONCEPTION.	
9	Mercredi.........	S.te Gorgonie.	
10	Jeudi............	S.te Valère.	
11	Vendredi.........	S. Fuscien.	
12	Samedi...........	S.te Constance.	Pl. L. le 12.
13	3. DIMANCHE......	S.te Luce.	
14	Lundi............	S. Nicaise.	
15	Mardi............	S. Mesmin.	
16	Mercredi.........	Q.-temps. S.te Adélaïde.	
17	Jeudi............	S.te Olympiade.	
18	Vendredi.........	S. Nemèse.	
19	Samedi...........	S.te Meuris.	
20	4. DIMANCHE......	S. Gratien.	D. Q. le 20.
21	Lundi............	S. Thomas.	
22	Mardi............	S. Chérémon.	
23	Mercredi.........	S.te Victoire.	
24	Jeudi............	Vigile-jeûne. S. Yves, &c.	
25	Vendredi.........	NOËL.	
26	Samedi...........	S. Étienne.	
27	DIMANCHE........	S. Jean-Évangéliste.	
28	Lundi............	S.ts Innocens.	
29	Mardi............	S. Thomas de Cantorb.	
30	Mercredi.........	S.te Colombe.	
31	Jeudi............	S. Silvestre.	

Les jours décroissent de 23 m. jusqu'au 22. et croissent de 4 m. du 22 jusqu'au 22.

ÉPOQUES

ÉPOQUES.

ANNÉE de la Période julienne. 6531.
depuis la première Olympiade d'Iphitus. . . . . 2594.
de la Fondation de Rome, selon Varron. . . . . 2571.
de l'Époque de Nabonassar. 2565.
de l'Ère chrétienne. . . . . 1818.
de l'Hégire ou l'Époque des Turcs. . . . . 1196.

L'année 1233 des Turcs commence le 11 Novembre 1817, enfinit
le 30 Octobre 1818, selon l'usage de Constantinople.

Comput ecclésiastique pour 1818.

Nombre d'or.	14.	Indiction romaine. . . . . . 6.
Épacte.	XXIII.	Lettre dominicale . . . . . . D.
Cycle solaire.	7.	

Déclinaison de l'aiguille aimantée, observée par M. Bouvard, le
10 Août 1814, à midi, 22ᵈ 34ᶜ vers le Nord-Ouest.

FÊTES MOBILES.

La Septuagésime, le 18 Janvier.	La Pentecôte, le 10 Mai.
Les Cendres, le 4 Février.	La Trinité, le 17 Mai.
Pâques, le 22 Mars.	La Fête-Dieu, le 21 Mai.
Les Rogations, les 27, 28 et 29 Avr.	L'Avent, le 29 Novembre.
L'Ascension, le 30 Avril.	

FÊTES OBSERVÉES EN FRANCE.

Pâques, 22 Mars.	S. Louis, 25 Août.
Ascension, 30 Avril.	Toussaint, 1.ᵉʳ Novembre.
Pentecôte, 10 Mai.	Noël, 25 Décembre.
Assomption, 15 Août.	

QUATRE-TEMPS.

Février, 11, 13 et 14.	Septembre, 16, 18 et 19.
Mai, 13, 15 et 16.	Décembre, 16, 18 et 19.

HEURES DES MARÉES
DANS LES PORTS PRINCIPAUX,

Aux jours des nouvelles et pleines Lunes.

	h. m.		h. m.
Bayonne	3 38	Lorient	3 30
Bordeaux	7 45	Mont-Saint-Michel	6 30
Boulogne	10 40	Rochefort	4 15
Brest	3 33	Rochelle (la)	3 45
Calais	11 45	Rouen	1 15
Cherbourg	7 45	Saint-Jean-de-Luz	3 30
Dieppe	10 30	Saint-Malo	6 00
Dunkerque	11 45	Saint-Vallery	10 15
Gravelines	0 00	Tréguier	7 30
Havre (le)	9 15	Vannes	3 45
Honfleur	9 15		

Pour connaître l'heure à laquelle la mer est pleine dans un des ports ci-dessus, il faut ajouter à l'heure de l'indication de la marée autant de fois 48 minutes qu'il s'est écoulé de jours depuis la nouvelle ou la pleine lune.

Si la somme de ces 48 minutes réunies à l'heure de la marée excède douze heures, l'excédant sera également l'heure de la pleine mer.

ADMINISTRATION DES POSTES.

Directeur général,

M. DUPLEIX DE MÉZY (C. ✳)

Conseiller d'état.

Membres du Conseil.

M. GOUIN,

M. BOULENGER (O. ✳),

M. MOLLIÈRE LA BOULAYE.

Secrétaire général.

M. ROGER (✳✳).

B 2

EXTRAIT

DES LOIS ET RÉGLEMENS

Sur le fait de la Poste aux chevaux.

AVERTISSEMENT.

L'ORDONNANCE du 17 mai 1818 a supprimé l'Administration des postes aux chevaux ; elle est réunie, sous le titre de *Division*, à l'Administration des postes.

MM. les inspecteurs des postes sont chargés de la surveillance des deux services.

EXTRAIT DE LA LOI

Du 9 Décembre 1798.

ART. I.er L'ÉTABLISSEMENT général des Postes aux chevaux est maintenu dans toute l'étendue de la France.

II. Nul autre que les maîtres de poste munis d'une commission spéciale, ne pourra établir de relais particuliers, relayer ou conduire à titre de louage, des voyageurs d'un relais à un autre, à peine d'être contraint de payer, par forme d'indemnité, le prix de la course, au profit des maîtres de poste et des postillons qui auront été frustrés.

III. La prohibition portée au précédent article ne s'étend point aux conducteurs de petites voitures non suspendues, connues sous le nom de pataches ou carrioles, et allant à petites ou grandes journées dans l'intérieur de la France, non plus qu'à ceux de toute autre voiture de louage allant constamment à petites journées et sans relayer.

IV. Il est défendu à tout maître de poste de relayer quiconque aurait contrevenu aux dispositions des articles précédens, sous peine de payer lui-même la course aux maîtres de poste et postillons à qui elle serait due à titre d'indemnité.

V. Sont exceptés les relais qui seraient établis pour le service des voitures publiques partant à jour et heure fixes, et annoncées par affiches, et le transport des dépêches par-tout où les maîtres de poste n'en seraient pas chargés, lorsque ces relais seront bornés au service qui leur est attribué.

Est également excepté le cas où un relais de poste se trouverait dégarni.

VI. Les maîtres de poste ne sont point sujets au droit de patente pour l'exercice public dont ils sont chargés; ils sont seulement astreints à faire enregistrer leur commission au greffe de leurs municipalités respectives.

VII. Le service des malles sera fait par les maîtres de poste sur les routes ci-après désignées, savoir:

De Paris à Caen, par Rouen;
De Paris à Lille, par Amiens et Arras;
De Paris à Bruxelles, par Saint-Quentin et Valenciennes;
De Paris à Mézières;
De Paris à Strasbourg, par Châlons et Metz;
De Paris à Strasbourg, par Châlons et Nancy;
De Paris à Besançon, par Troyes et Dijon;
De Paris à Beffort, par Troyes et Langres;
De Paris à Bayonne, par Orléans, Limoges et Toulouse;
De Paris à Bayonne, par Orléans, Poitiers et Bordeaux;
De Paris à Lyon, par Auxerre et Châlons-sur-Saone;
De Paris à Lyon, par Moulins;
De Paris à Nantes, par le Mans;
De Paris à Brest, par Alençon et Rennes;
De Lyon à Marseille;
Et de Marseille à Bordeaux.

XIV. Les postillons auront droit à une pension de retraite, après vingt ans de service comme postillons en rang, ou dans le cas d'un accident ou d'une infirmité qui les mettrait dans l'impuissance de se procurer, par un travail quelconque, les moyens d'exister.

Cette retraite ne pourra être moindre de 150 francs, ni plus forte de 200 francs.

Elle pourra être réversible, en tout ou en partie, aux veuves et aux enfans.

Les pièces que doivent produire les postillons qui aspirent à la pension, sont,

1.° L'acte de naissance du réclamant, légalisé par le maire ou adjoint de la commune;

2.° Ses états de service dans les différens relais, avec la désignation de l'époque à laquelle il est entré à chaque relais où il a été employé, et
le celle où il a quitté. Ces états doivent être certifiés par les maires des chefs-lieux
de commune, et visés par M. le préfet du département, ou par le sous-préfet de
l'arrondissement ;

3.° Dans le cas où le titulaire d'un relais où le réclamant aurait servi,
n'existerait plus, ses services à ce relais seront constatés par le titulaire actuel,
d'après les renseignemens qu'il aura pu recueillir, et l'attestation de deux notables
de la commune, et le certificat sera également visé par le préfet ;

4.° Un certificat qui constate l'indigence du réclamant ;

5.° Un certificat qui constate si le réclamant est encore en activité, et, dans
le cas contraire, l'époque précise à laquelle il a quitté le service.

XXIII. Il est défendu à tous postillons d'exiger aucune rétribution au-
delà des guides fixés par la loi, d'insulter les voyageurs ou de leur donner aucun sujet de plainte, sous peine, en cas de récidive, de destitution, sans préjudice des peines qui pourront leur être infligées par les
tribunaux.

XXIV. Pour constater la contravention aux dispositions de l'article
précédent, il sera tenu, par chaque maître de poste, un registre coté et
paraphé par le maire de la commune de la situation des relais. Les voyageurs pourront consigner leurs plaintes dans ce registre.

Les inspecteurs arrêteront et relèveront ce registre à chaque tournée,
et en feront rapport à l'administration.

§. 1.er *Des Maîtres de poste et Postillons.*

ART. 1.er LES maîtres de poste doivent résider à leur relais, où leur présence est constamment nécessaire pour y maintenir l'ordre, l'activité et la subordination, dont ils répondent personnellement.

Ils ne peuvent transférer leur relais d'un local dans un autre, quoique dans la même commune, qu'avec l'autorisation préalable de M. le Directeur général.

II. Les maîtres de poste ne peuvent quitter le service sans avoir prévenu l'administration six mois d'avance; faute de quoi, il y sera pourvu à leurs frais, conformément à l'article LXIX de la loi des 23 et 24 juillet 1793.

III. En cas d'absence momentanée d'un titulaire, il peut charger quelqu'un de le représenter, pour trois mois au plus, et seulement après en avoir prévenu l'administration; mais il ne peut ni faire gérer habituellement son relais, ni le céder, sans que le gérent ou cessionnaire ait été préalablement agréé.

IV. Les maîtres de poste ont le choix de leurs postillons; mais ils ne peuvent en prendre un sortant d'un autre relais, s'il n'est muni d'un certificat de bonne conduite donné par le titulaire du relais qu'il quitte.

Ils peuvent également les renvoyer; mais ils ne peuvent leur refuser un certificat sans des motifs graves, et dont l'administration sera juge en cas de contestation.

V. La surveillance des maîtres de poste doit s'étendre non-seulement sur leurs propres postillons, mais même sur ceux des relais voisins; ils doivent veiller particulièrement à ce que ces derniers ne s'arrêtent au relais où ils arrivent, que le temps nécessaire pour faire souffler leurs chevaux, et à ce qu'ils ne repartent point à charge ou au galop.

VI. Les maîtres de poste sont civilement responsables des accidens arrivés par le fait de leurs postillons, lorsqu'ils n'ont pas l'âge requis, ou par l'emploi de chevaux qu'ils auraient dû réformer.

VII. Les inspecteurs en tournée ont le droit de prononcer la mise à pied, pour un mois au plus, des postillons qui donneraient lieu à des plaintes dans leur service, et qui se rendraient coupables d'insolence ou d'insubordination. Les maîtres de poste sont tenus de déférer aux ordres

eur seront donnés à cet égard , et ils sont autorisés à employer per-
ellement cette mesure de discipline.

III. Tout postillon qui, après avoir subi la peine du la mise à pied
sera dans le cas d'une nouvelle punition, sera destitué conformément
à l'article XXIII de la loi du 9 décembre 1798 ; il ne pourra plus être em-
é dans aucun relais, et sera privé de tout droit à la pension réglée
l'article XIV de la même loi.

. Dans le cas d'un relais vacant ou abandonné, les deux maîtres
oste voisins sont tenus de se communiquer sur-le-champ, et sans

ordinaire pour les distances parcourues, une demi-poste d'augmen-
on, pour tenir lieu du rafraîchissement des chevaux, jusqu'à concur-

. Les maîtres de poste sont tenus de présenter, à la première réqui-

II. Les maîtres de poste pourront être requis par l'administra-

relais vacant ou abandonné ; mais alors, outre le prix des courses qui
appartiendra de droit, il leur sera alloué , par chaque jour de route
de séjour, le prix de deux francs par homme et par cheval requis et
ctivité.

. il est expressément défendu aux maîtres de poste de faire l'état

euvent néanmoins se charger de la conduite des voitures publiques
oncées par affiches et partant à jour et heure fixes.

voie des papiers publics, soit que ce soient imprimées ou faites à la main ,
pour provoquer les voyageurs à donner la préférence à une route sur une autre
qui aurait la même destination.

II. Un seul postillon ne peut conduire que trois courriers à la
 courrier, s'il y a quatre courriers, il faut deux postillon

XIII. Tout postillon doit être âgé de seize ans au moins; il doit se faire inscrire au greffe de l'administration municipale, à compter du jour qu'il prend son rang, et adresser à l'administration le certificat de son inscription : le droit à la pension ne courra à l'avenir, pour les postillons qui entreront dans les relais, que du jour de cette inscription.

XIV. Les postillons doivent obéissance, non-seulement au maître de poste auquel ils sont attachés, mais encore, en ce qui concerne le service, à tous les maîtres de poste chez lesquels ils se trouvent.

XV. Tout postillon quittant un relais pour s'attacher à un autre, sera tenu, de faire viser le certificat de bonne conduite qui lui aura été délivré par le maître de poste au relais duquel il était précédemment attaché, tant par la municipalité qu'il quittera, que par celle de son nouveau domicile.

XVI. Les postillons ne peuvent quitter un relais sans avoir prévenu le titulaire, au moins un mois d'avance; et en cas de non-exécution de cette disposition, les maîtres de poste sont autorisés à leur refuser le certificat nécessaire pour entrer dans un autre relais.

XVII. L'administration veillera scrupuleusement à ce qu'aucun postillon qui aurait été renvoyé d'un relais sans certificat, ne puisse s'introduire dans un autre. Elle fera droit, au surplus, aux justes observations et réclamations des postillons.

XVIII. Les postillons en course doivent être porteurs d'une plaque au bras, qui indique le nom du relais auquel ils sont attachés, et le numéro de leur rang.

Nota. La plaque doit être aux armes du Roi.

L'infraction à cette disposition sera punie, pour la première fois, par la mise à pied pendant dix jours; pour la deuxième fois, pendant un mois, et en cas de récidive, par la destitution.

S. 2. *Du nombre de Postillons et de Chevaux à employer pour les différens services. — Service à franc-étrier.*

ART. I.er Tout courrier à franc-étrier qui n'accompagne pas une voiture, doit avoir un postillon monté pour lui servir de guide.

II. Un seul postillon ne peut conduire que trois courriers à franc-étrier; s'il y a quatre courriers, il faut deux postillons.

ART. I.er Tout courrier à franc-étrier ne peut faire porter au cheval qu'il monte, que ce que peuvent contenir en menus effets les poches de la selle. S'il y a un porte-manteau, il doit être porté en croupe par le postillon, pourvu toutefois qu'il n'excède point le poids de 5 kilogrammes, ou 10 livres.

II. Les voitures montées sur deux roues, ayant brancard, celles montées sur quatre roues, à un seul fond et ayant limonière, ne pourront être chargées, sur le derrière, de plus de 100 livres, et, sur le devant, de plus de 40 livres.

ART. I.er Il doit y avoir, dans l'écurie de chaque maître de poste, de la lumière pendant la nuit, et un postillon de garde, afin de ne pas faire attendre les courriers; le postillon de garde allant en course, un autre doit le remplacer.

II. Le prix de la course, conformément au tarif, doit être payé au maître de poste avant le départ du courrier.

III. Le service des malles, pour lequel au surplus les maîtres de poste doivent tenir des chevaux en réserve, et celui des courriers ou porteurs d'ordre du Gouvernement, doivent être faits de préférence à tous autres.

Hors ces deux cas, les courriers, voyageurs, doivent être servis, dans les postes, selon l'ordre de leur arrivée, ou de celle de leur avant-courrier, quand ils en ont un qui les précède.

N. B. Il est arrivé que des voyageurs ont contesté la préférence que doivent avoir dans le service les personnes qui se font précéder par un courrier, pour retenir et faire préparer les chevaux qui leur sont nécessaires. L'usage des avant-courriers est une institution bien ancienne; il n'a point été aboli, et toute contestation à cet égard ne peut pas être fondée.

IV. Les postillons attachés à un relais doivent seuls en conduire les chevaux; les courriers ne peuvent les faire remplacer par qui que ce soit.

V. Les courriers à franc-étrier ne peuvent se servir de brides à eux appartenant; ils ne doivent pas passer le postillon qui les conduit; et le maître de la poste à laquelle ils arriveraient sans leur postillon, ne doit point leur donner des chevaux avant que ce dernier ne soit arrivé, qu'il n'ait reconnu l'état des chevaux et déclaré la course et les guides payés.

VI. Les avant-courriers ne peuvent devancer que d'une poste la voiture qu'ils précèdent : il leur est défendu de partir, et aux maîtres de

(27)

poste de leur fournir des chevaux avant l'arrivée de la voiture au relais ;
et s'ils partent plus d'un quart d'heure après, il leur sera donné un guide.

VII. Les postillons ne peuvent se devancer sur la route, ils doivent
marcher dans l'ordre où ils sont partis du relais ; à moins du remplacement
ne soit survenu à celui qui précède.

VIII. Il est défendu aux postillons, lorsqu'ils se rencontrent dans le
milieu de leur course, d'échanger leurs chevaux, à moins qu'ils n'aient
obtenu le consentement respectif des courriers.

La course d'une poste devant se faire, dans les localités ordinaires,
dans une heure, les postillons ne pourront s'arrêter sans permission que
pour laisser souffler leurs chevaux.

IX. Lorsque tous les chevaux d'une poste suffisamment garnie sont
en course, les courriers doivent attendre que les chevaux soient de
retour et aient rafraîchi ; mais, si le manque de chevaux provient de ce
qu'un relais n'est pas suffisamment monté, alors les postillons seront
tenus de passer avec tout ou partie seulement de leurs chevaux, après
toutefois les avoir fait rafraîchir. Ils ne pourront en aucun cas être forcés
à passer plus d'un relais.

X. Les maîtres de poste ne peuvent être forcés à fournir des chevaux
pour les routes de traverse ; cependant ils sont autorisés à conduire les
courriers dans lesdites routes, à prix défendu, de manière toutefois que
le service des relais ne puisse en souffrir.

XI. Les maisons de campagne situées sur les grandes routes sont à
proximité seront toujours servies au départ par le relais le plus voisin ;
mais, à l'arrivée, les voyageurs pourront se faire conduire par les autres
relais, sans être obligés de relayer au plus voisin, pourvu toutefois que la
distance qui le sépare de la maison de campagne n'excède pas une lieue,
qui ne doit être comptée que pour une demi-poste.

XII. Les maîtres de poste ne peuvent être contraints à fournir des
chevaux pour être attelés à une voiture avec d'autres que ceux employés
au service de la poste.

XIII. Les courriers ne doivent point forcer ni maltraiter les chevaux ;
dans le cas où ils se seraient portés à cet excès, et que par suite un ou
plusieurs chevaux seraient mis hors de service ou viendraient à périr ; ils
seront tenus d'en payer le prix au maître de poste, suivant l'estimation
qui en sera faite par experts, et sur le procès-verbal qui en sera dressé
en présence de l'agent municipal des lieux où le délit aura été commis.

XIV. Les maîtres de poste qui conduiront à un relais sur les pays
étrangers, pourront exiger de se faire payer sur le pied de monnaie
étrangère.

XV. Les droits de bac, de ponts ou barrière, sont à la charge des courriers, et indépendans du prix de la course et des guides.

XVI. Tous ceux qui feront venir des chevaux de poste et les renverront sans s'en servir, paieront le prix d'une poste, et les guides dans la même proportion, à titre de dédommagement.

Ceux qui les auront fait venir et ne partiront pas de suite, paieront une demi-poste de plus, et les guides dans la même proportion, par chaque heure de retard.

N. B. Les voyageurs dont la voiture viendrait à casser pendant le parcours d'un relais à un autre, sans que l'accident puisse être attribué à l'incapacité du postillon ou à la mauvaise qualité des chevaux, paieront, à titre de dédommagement, un quart de poste pour chaque heure de retard, toutes les fois que le retard excédera deux heures au-delà du temps accordé pour la course.

XVII. Les courriers paieront soixante-quinze centimes par chaque homme et par chaque cheval, toutes les fois que par la fermeture des portes d'une commune, ou autre empêchement de cette nature, ils seront forcés de coucher et ne pourront revenir à leur relais.

N. B. Le temps nécessaire pour le retour doit être calculé à raison d'une demi-heure de rafraîchissement, et d'une heure et demie par poste pour la course.

Dans les villes où les voyageurs ont la faculté, moyennant une rétribution déterminée, de faire ouvrir les portes pendant la nuit pour entrer ou pour sortir, les maîtres de poste ne peuvent réclamer que le remboursement de cette rétribution, qui est à la charge du voyageur, et qui doit être payée double, lorsque la rentrée des chevaux doit précéder l'heure ordinaire de l'ouverture des portes.

PASSE-PORTS.

LE maître de poste de Paris, et tous autres placés sur un rayon de quinze lieues de cette commune, ne pourront donner des chevaux à aucun voyageur se présentant pour la première fois pour prendre la poste, s'il n'exhibe un passe-port, et un permis délivré par M. le Directeur général.

Ces permis seront délivrés *gratis*, sur la présentation en enregistrement des passe-ports.

TARIF du Prix des chevaux de poste et des guides des postillons, d'après les dispositions de la Loi du 16 Décembre 1799.

IL doit être payé d'avance aux maîtres de poste, conformément aux calculs ci-après, SAVOIR :

1.º Par le public, un franc cinquante centimes par chaque cheval et par poste, et soixante-quinze centimes par chaque postillon et par poste ;

2.° Par l'administration des lettres, un franc par poste pour chaque voyageur accompagnant le courrier...

Trois francs soixante-quinze centimes par poste, guides compris, pour le transport des malles sur les routes et partie de route où il y a chaque jour...

Et quatre francs vingt-cinq centimes par poste, guides compris, sur les routes où il n'y a chaque jour... soit montante, soit descendante...

Les voyageurs sont... invités à donner connaissance à M. le Directeur général, de toutes les infractions qui auraient lieu de la part des maîtres de poste ou des postillons, soit au tarif ci-dessus, soit aux articles des lois et réglemens qui le précédent.

Ce n'est que par la connaissance des abus, que l'on peut prendre des mesures pour les faire cesser... l'indulgence des voyageurs à cet égard...

RÉGLEMENT du 20 Mai 1805.

ART. I.er Le prix des chevaux de poste sera payé désormais par les courriers, sur le pied du tarif joint au présent décret.

L'ancien tarif et les anciens réglemens seront exécutés dans tous les points auxquels il n'est pas dérogé par le nouveau.

NOUVELLE TARIF

NOMBRE DE PERSONNES.	NOMBRE DE CHEVAUX.	PRIX. SERVICE ET VOITURE.	SOMME TOTALE.

CHAISES ET CABRIOLETS.

LIMONIERES.

Nota. Il sera payé 1' 50' par chaque personne excédant le nombre de quatre.

BERLINES.

1, 2 et 3.	4.	1. 50.	6. 00
4 et 5.	6.	1. 50.	9. 00
6.	6.	1. 75.	10. 50

Nota. Il sera payé 1' 50' par chaque personne au-dessus du nombre de six, et il ne sera jamais attelé au-delà de six chevaux sur chaque berline.

Un enfant de six ans et au-dessous ne pourra être considéré comme voyageur. Deux enfants, au-dessous de six ans, tiendront toujours lieu d'un voyageur.

Chaque voiture pourra être chargée d'une vache, soit qu'elle soit entière ou en deux parties, et d'une malle.

Nota. Il n'est rien innové sur le droit du 3.e et du 4.e cheval, qui continuera d'être perçu comme par le passé.

DÉVELOPPEMENT du Tarif, d'après les Lois et Réglemens sur le fait des Postes.

SOMME TOTALE.	PRIX.	NOMBRE	MATIÈRE DE PERSONNES.
	SERVICE EN VOITURE.		

Les maîtres de poste ne peuvent se faire payer que le nombre de chevaux fixé dans chacune des divisions du tarif, pour les personnes placées dans l'intérieur des voitures, devant et derrière.

1.re DIVISION. CHAISES ET CABRIOLETS.

Ces sortes de voitures sont montées sur deux roues, et peuvent contenir jusques à quatre personnes.

Les *chariots allemands*, qui sont montés sur quatre roues, sont compris dans cette 1.re division du tarif, lorsqu'ils sont recouverts d'un tablier, qu'ils sont à soufflet, qu'ils ne sont pas chargés d'une vache, et qu'ils ne peuvent pas contenir au-delà de deux personnes. Lorsque les *chariots allemands* réunissent toutes ces conditions, ils doivent être attelés de deux chevaux, et conduits par un postillon.

2.e DIVISION. LIMONIÈRES.

Cette 2.e classe comprend les voitures à quatre roues et à limonière, sans être à soufflet, n'ayant point deux fonds égaux, mais pouvant avoir un strapontin sur le devant. Elles doivent être conduites par un seul postillon et attelées de trois chevaux. Lorsque ces voitures sont à timon, elles font partie de la classe des berlines.

3.e DIVISION. BERLINES.

Ces voitures, montées sur quatre roues, ont les deux fonds égaux et sont à flèche ou timon. Elles doivent être conduites par deux postillons, et attelées du nombre de chevaux indiqué par le tarif dans la proportion des personnes.

CHARIOTS ALLEMANDS ET CALÈCHES.

Toutes les fois que les chariots allemands ne réunissent point les conditions nécessaires pour être assimilés aux cabriolets, ils rentrent dans la division des limonières ou dans celle des berlines.

Il en est de même des calèches, qui rentrent dans la classe des berlines, toutes les fois qu'elles ne peuvent pas être assimilées aux limonières.

DROIT DU 3.e ET DU 4.e CHEVAL, *accordé en sus du Tarif.*

Le 3.e cheval est payé à raison de 1f 50c par poste; il a lieu pour l'année, ou pour les six mois d'hiver qui commencent au 1.er novembre. Lorsque les voitures comprises dans la première division du tarif sont à brancard, le voyageur a le droit d'exiger que le 3.ᵉ cheval soit attelé ; mais, lorsque ces mêmes voitures sont à timon, le 3.ᵉ cheval ne pouvant pas être mis en arbalète sans inconvénient, elles seront conduites par deux chevaux, et il en sera payé trois.

Il est applicable aux voitures comprises dans la 1.ʳᵉ division du tarif, lorsqu'elles ne sont pas à soufflet.

Il n'est applicable aux voitures de cette division qui sont à soufflet que lorsqu'elles sont chargées de deux personnes.

Le 4.ᵉ cheval n'est applicable qu'aux limonières chargées de deux personnes, quand même il n'y aurait ni malle ni vache.

Les maîtres de poste ne peuvent exiger le paiement du 3.ᵉ et du 4.ᵉ cheval, qu'autant qu'ils y sont autorisés par le Livre de poste, ou par une ordonnance spéciale, qu'ils doivent représenter aux voyageurs avant leur départ.

POSTE ROYALE.

A l'entrée et à la sortie des lieux où le Roi fait son séjour momentanément, la première poste se paye double, mais à compter seulement de l'heure de minuit qui suit le jour où Sa Majesté est arrivée, et jusqu'à minuit après le jour qu'elle en est partie.

CALCUL proportionnel de ce qui doit être payé par les Courriers aux Maîtres de poste.

Distances	Nombre de Chevaux & le prix conséquent									
	1.	2.	3.	4.	5.	6.	7.	8.	9.	10.
1 quart de poste	0.38	0.75	1.13	1.50	1.88	2.25	2.63	3.	3.38	3.75
Demi-postes...	0.75	1.50	2.25	3.00	3.75	4.50	5.25	6.	6.75	7.50
3 quarts de post.	1.13	2.25	3.38	4.50	5.63	6.75	7.88	9.	10.13	11.25
1 poste......	1.50	3.00	4.50	6.00	7.50	9.00	10.50	12.	13.50	15.00
1 poste 1 quart.	1.88	3.75	5.63	7.50	9.38	11.25	13.13	15.	16.88	18.75
1 poste et dem.	2.25	4.50	6.75	9.00	11.25	13.50	15.75	18.	20.25	22.50
1 poste 3 quarts	2.63	5.25	7.88	10.50	13.13	15.75	18.38	21.	23.63	26.25
2 postes.....	3.00	6.00	9.00	12.00	15.00	18.00	21.00	24.	27.00	30.00
2 postes 1 quart.	3.38	6.75	10.13	13.50	16.88	20.25	23.63	27.	30.38	33.75
2 postes et dem	3.75	7.50	11.25	15.00	18.75	22.50	26.25	30.	33.75	37.50
2 postes 3 quarts	4.13	8.25	12.38	16.50	20.63	24.75	28.88	33.	37.13	41.25
3 postes.....	4.50	9.00	13.50	18.00	22.50	27.00	31.50	36.	40.50	45.00
3 postes 1 quart.	4.88	9.75	14.63	19.50	24.38	29.25	34.13	39.	43.88	48.75
3 postes et dem.	5.25	10.50	15.75	21.00	26.25	31.50	36.75	42.	47.25	52.50
3 postes 3 quarts	5.63	11.25	16.63	22.50	28.13	33.75	39.38	45.	50.63	56.25
4 postes.....	6.00	12.00	18.00	24.00	30.00	36.00	42.00	48.	54.00	60.00

N.º 2.

CALCUL proportionnel de ce qui doit être payé par les Courriers aux Postillons pour leurs guides.

Distances.	Nombre de Postillons, employés, et le prix proportionnel.							
	1.	2.	3.	4.	5.	6.	7.	8.
	f c	f c	f c	f c	f c	f c	f c	f c
1 quart de poste..	0.19.	0.38.	0.57.	0.76.	0.95.	1.14.	1.33.	1.51.
Demi-poste.....	0.38.	0.76.	1.14.	1.52.	1.90.	2.28.	2.66.	3.04.
3 quarts de poste..	0.56.	1.12.	1.68.	2.24.	2.80.	3.36.	3.92.	4.48.
1 poste........	0.75.	1.50.	2.25.	3.00.	3.75.	4.50.	5.25.	6.00.
1 poste 1 quart...	0.94.	1.88.	2.82.	3.76.	4.70.	5.64.	6.58.	7.52.
1 poste et demie..	1.13.	2.26.	3.39.	4.52.	5.65.	6.78.	7.91.	9.04.
1 poste 3 quarts..	1.31.	2.62.	3.93.	5.24.	6.55.	7.86.	9.17.	10.48.
2 postes........	1.50.	3.00.	4.50.	6.00.	7.50.	9.00.	10.50.	12.00.
2 postes 1 quart..	1.69.	3.38.	5.07.	6.76.	8.45.	10.14.	11.83.	13.52.
2 postes et demie.	1.88.	3.76.	5.64.	7.52.	9.40.	11.28.	13.16.	15.04.
2 postes 3 quarts..	2.07.	4.14.	6.21.	8.28.	10.35.	12.42.	14.49.	16.56.
3 postes........	2.26.	4.52.	6.78.	9.04.	11.30.	13.56.	15.82.	18.08.
3 postes 1 quart..	2.45.	4.90.	7.35.	9.80.	12.25.	14.70.	17.15.	19.60.
3 postes et demie.	2.64.	5.28.	7.92.	10.56.	13.20.	15.84.	18.48.	21.12.
3 postes 3 quarts..	2.83.	5.66.	8.49.	11.32.	14.15.	16.98.	19.84.	22.64.
4 postes........	3.00.	6.00.	9.00.	12.00.	15.00.	18.00.	21.00.	24.00.

MONTAGNE DE TARARE.

Extrait du Réglement du 1.er Juin 1781.

VU la difficulté de cette montagne, l'usage est d'y employer, *pour renfort*, des bœufs, qui sont payés, par paire, au même prix qu'un cheval de poste;

SAVOIR:

Pour une chaise de poste ou un cabriolet à glaces, attelé de deux chevaux, une paire de bœufs *de renfort*; ou un troisième cheval;

Attelé de trois chevaux, une paire de bœufs ou un quatrième cheval;

Pour une voiture à quatre roues et limonière, attelée de trois ou quatre chevaux, deux bœufs en été, et quatre en hiver;

Pour une voiture à timon attelée de quatre chevaux, quatre bœufs en tout temps;

Pour une voiture à timon attelée de six chevaux, quatre bœufs en été, et six en hiver.

Il ne sera pas employé de bœufs pour les cabriolets sans glaces et à soufflet, chargés d'une seule personne; mais alors le maître de poste de Tarare est autorisé à faire atteler un troisième cheval sur ces voitures, pour les conduire à Pain-Bouchain.

MONTAGNE DES ÉCHELLES.

Extrait de l'Arrêté du Ministre des finances, du 4 Septembre 1802.

VU la difficulté de cette montagne, le maître de poste est chargé de fournir les bœufs de renfort qui seront employés, et qui seront payés pour chaque course, à raison d'un franc cinquante centimes la paire;

SAVOIR:

Pour une chaise de poste ou un cabriolet à glaces, attelé de deux chevaux, deux bœufs en tout temps;

Pour une voiture à quatre roues et limonière, attelée de trois ou quatre chevaux, deux bœufs en été, et quatre en hiver;

Pour une voiture à timon attelée de quatre chevaux, quatre bœufs en tout temps;

Pour une voiture à timon attelée de six chevaux, quatre bœufs en été, et six en hiver.

Il ne sera pas employé de bœufs pour les cabriolets sans glaces et à soufflet, chargés d'une seule personne; mais alors le maître de poste des Échelles est autorisé à faire atteler un troisième cheval sur ces voitures, pour les conduire à Saint-Thibault-de-Coux.

AVERTISSEMENT.

Pour la facilité des voyageurs, on a établi, à la fin du Livre de poste, une table, par ordre alphabétique, qui indique les lois et réglemens sur le fait des postes, ainsi que les différentes routes qui conduisent de Paris aux villes principales.

On trouvera à la suite du Calendrier l'indication des heures de marée, qui fera connaître au public le moment convenable au passage de la mer.

Les relais qui jouissent d'une augmentation de distance, soit à l'entrée, soit à la sortie des villes, sont désignés par l'astérisque * qui renvoie au tableau ci-après.

TABLEAU

Des Relais qui jouissent, soit à la sortie, soit à l'entrée, soit à l'une comme à l'autre, d'une distance de faveur.

PARIS...... { Il est dû, tant à l'entrée qu'à la sortie, une poste en sus de la distance marquée sur l'État.

AIX (B.-du-R.) { Il est dû un quart de poste, en sus de la distance, sur toutes ses sorties, sans réciprocité.

ALENÇON... { Il est dû un quart de poste sur toutes ses sorties, en sus de la distance.

AMIENS..... { Il est dû une demi-poste, en sus de la distance, sur toutes ses sorties, sans réciprocité.

ANGERS.... { Il est dû un quart de poste, en sus de la distance, à sa sortie sur le Port-la-Vallée seulement, sans réciprocité.

ANGOULÊME { Il est dû un quart de poste, en sus de la distance, sur toutes ses sorties, sans réciprocité, soit qu'on attelle dans la ville ou au relais situé dans le faubourg.

ARRAS...... { Il est dû un quart de poste, en sus de la distance, sans réciprocité sur l'Arbret, et avec réciprocité sur Lens.

AUXERRE... { Il est dû un quart de poste, en sus de la distance, sur ses sorties, sans réciprocité.

BESANÇON.. { Il est dû un quart de poste, en sus de la distance, à sa sortie sur Saint-Vit seulement, sans réciprocité.

BORDEAUX.. { Il est dû une demi-poste, en sus de la distance, sur toutes ses sorties : le relais du Carbon-Blanc a seul droit à la réciprocité.

BREST..... { Il est dû une demi-poste, en sus de la distance, à l'entrée comme à la sortie de Brest.

CAEN...... { Il est dû un quart de poste, en sus de la distance, sur toutes ses sorties, sans réciprocité.

CALAIS..... { Il est dû une demi-poste, en sus de la distance, sur toutes ses sorties, sans réciprocité.

CAMBRAY... { Il est dû un quart de poste, en sus de la distance, sur toutes ses sorties, sans réciprocité, tant pour le parcours de la ville et de ses faubourgs, qu'à raison des déviations que pourraient occasionner les travaux de fortification.

CHAALONS-SUR-MARNE. { Il est dû un quart de poste, en sus de la distance, sur toutes ses sorties, sans réciprocité.

DIEPPE..... { Il est dû un quart de poste, en sus de la distance, sur toutes ses sorties, sans réciprocité.

DIJON ..... { Il est dû un quart de poste, en sus de la distance, sur toutes ses sorties, sans réciprocité.

DOUAY..... { Il est dû un quart de poste, en sus de la distance, sur toutes ses sorties, sans réciprocité.

DUNKERQUE. { Il est dû une demi-poste, en sus de la distance, sur toutes ses sorties, sans réciprocité.

FONTAINEBL. { Il est dû un quart de poste, en sus de la distance, sur toutes ses sorties, excepté sur Moret, sans réciprocité.

GRIZOLLES.. { Il est dû un quart de poste, en sus de la distance, sur Montauban.

LAON...... { Il est dû un quart de poste, en sus de la distance, tant à l'entrée qu'à la sortie de Laon.

LE HAVRE .. { Il est dû une demi-poste, en sus de la distance, sur toutes ses sorties, sans réciprocité.

LILLE...... { Il est dû un quart de poste, en sus de la distance, sur toutes ses sorties, sans réciprocité.

LIMOGES.... { Il est dû un quart de poste, en sus de la distance, à toutes ses sorties, sans réciprocité.

LYON...... { Il est dû une demi-poste, en sus de la distance, à l'entrée, et une poste à la sortie de Lyon.

MARSEILLE.. (B.-du-Rhô.) { Il est dû une demi-poste, en sus de la distance, sur toutes ses sorties, sans réciprocité.

METZ. . . . . . {
Il est dû un quart de poste, en sus de la distance, sur toutes ses sorties, sans réciprocité.

MÉZIÈRES. . . {
Il est dû un quart de poste, en sus de la distance, sur toutes ses sorties, sans réciprocité.

MONTAUBAN (Tarn-et-G.) {
Il est dû un quart de poste, en sus de la distance, sur toutes ses sorties, avec réciprocité de Grisolles à Montauban,

MONTIÉRAMÉ. {
Il est dû un quart de poste, en sus de la distance, sur Troyes, sans réciprocité.

NANCY. . . . . {
Il est dû un quart de poste, en sus de la distance, sur toutes ses sorties, sans réciprocité.

NANTES. . . . {
Il est dû un quart de poste, en sus de la distance, sur toutes ses sorties, sans réciprocité.

NISMES. . . . . {
Il est dû un quart de poste, en sus de la distance, à sa sortie sur Saint-Gervasy et Uchau seulement, sans réciprocité.

ORLÉANS. . . {
Il est dû une demi-poste, en sus de la distance, sur toutes ses sorties : le relais de la Ferté-Saint-Aubin a seul droit à la réciprocité.

REIMS. . . . . {
Il est dû un quart de poste, en sus de la distance, sur toutes ses sorties, sans réciprocité.

RENNES. . . . {
Il est dû un quart de poste, en sus de la distance, sur toutes ses sorties, sans réciprocité.

ROCHEFORT. {
Il est dû un quart de poste, en sus de la distance, sur toutes ses sorties, sans réciprocité.

ROUEN . . . . . {
Il est dû une demi-poste, en sus de la distance, sur toutes ses sorties, sans réciprocité.

S.-GERMAIN-EN-LAYE. {
Il est dû une demi-poste, en sus de la distance, sur Versailles.

S.-QUENTIN. . {
Il est dû un quart de poste, en sus de la distance, sur toutes ses sorties, et seulement avec réciprocité de Bellicourt à Saint-Quentin.

SOISSONS ... { Il est dû une demi-poste, en sus de la distance, sur toutes ses sorties : le relais de Vaurains a seul droit à la réciprocité.

STRASBOURG. { Il est dû une demi-poste, en sus de la distance, sur toutes ses sorties : le relais d'Ittenheim a seul droit à la réciprocité.

TOULON.... { Il est dû un quart de poste, en sus de la distance, sur ses deux sorties, sans réciprocité.

TOULOUSE.. { Il est dû un quart de poste, en sus de la distance, sur Monbert, et une demi-poste sur Saint-Jory, Castanet et Leguevin, sans réciprocité.

TOURS..... { Il est dû un quart de poste, en sus de la distance, sur toutes ses sorties, excepté sur Monnoye.

TROYES.... { Il est dû une demi-poste, en sus de la distance, sur toutes ses sorties, sans réciprocité.

VALENC.ⁿᵉˢ.. { Il est dû un quart de poste, en sus de la distance, sur toutes ses sorties, sans réciprocité.

VELAINE.... { Il est dû un quart de poste, en sus de la distance, sur Nancy.

VERSAILLES. { Il est dû une demi-poste, en sus de la distance, sur toutes ses sorties, sans réciprocité, excepté Saint-Germain-en-Laye, qui a droit à la réciprocité.

VIENNE..... { Il est dû un quart de poste, en sus de la distance, à la sortie de Vienne sur Saint-Symphorien, et réciproquement.

ÉTAT GÉNÉRAL
DES POSTES ET RELAIS,
POUR L'AN 1818.

NOMS DES RELAIS.	POSTES.

N.º 1.ᵉʳ

ROUTE DE PARIS à AGEN. *(Lot-et-Garonne.)*

Deux Routes conduisent à Agen :
L'une par Bordeaux et Tonneins ;
L'autre par Limoges et Moissac, 93 p. trois q.

Par Bordeaux et Tonneins, 96 postes.

De PARIS à BORDEAUX (*voyez* page 61)	78.
BORDEAUX à Langon (*voyez* page 52)	6 et dem.
Langon à Cauderot	1 et dem.
Cauderot à la Réole	1.
La Réole à la Motte-Landron	1.
La Motte-Landron à Marmande	1 et dem.
Marmande à Tonneins	2.
Tonneins à Aiguillon	1 et dem.
Le 3.ᵉ cheval réciproquement pour l'année.	
Aiguillon au Port-Sainte-Marie	1.
Port-Sainte-Marie au Pont-Saint-Hilaire	1 et dem.
Pont-Saint-Hilaire à AGEN	1.

Par Limoges et Moissac, 93 postes trois quarts.

De PARIS à MONTAUBAN (*voy.* page 147)	84 un qu.
MONTAUBAN* au Saula	1 trois q
Le 3.ᵉ cheval pour 6 mois, du Saula à Montauban, sans réciprocité.	

NOMS DES RELAIS.	POSTES.
Du Saula à Moissac..........................	2.
Le 3.ᵉ cheval réciproquement pour l'année.	
Moissac à Malauze.............(........	1 trois q.
Le 3.ᵉ cheval réciproquement pour l'année.	
Malauze à la Magistère....................	1 et dem.
Le 3.ᵉ cheval pour 6 mois sans réciprocité.	
La Magistère à Croquelardit................	1 et dem.
Le 3.ᵉ cheval réciproquement pour 6 mois.	
Croquelardit à AGEN......................	1 et dem.

COMMUNICATION

D'Agen à Auch, 8 postes et demie.

D'AGEN à Astafort........................	2 et dem.
Le 3.ᵉ cheval réciproquement pour l'année.	
Astafort à Lectoure.......................	2.
Le 3.ᵉ cheval réciproquement pour l'année.	
Lectoure à Montastruc.....................	2.
Le 3.ᵉ cheval réciproquement pour l'année.	
Montastruc à AUCH.......................	2.
Le 3.ᵉ cheval pour l'année sans réciprocité.	

N.º 2.

ROUTE DE PARIS à ALBY. *(Tarn.)*

99 postes et demie.

De PARIS à TOULOUSE *(voyez page 147)*.......	99 et dem.
Nota. De Toulouse à Alby, la route n'est pas montée.	
TOULOUSE* à Monbert.....................	2.
Le 3.ᵉ cheval pour 6 mois, sans réciprocité.	
Monbert à la Pointe-Saint-Sulpice...........	2.
La Pointe-Saint Sulpice à Gaillac...........	2 et dem.
Gaillac à ALBY...........................	2 et dem.

NOMS DES RELAIS.	POSTES.

N.º 3.

ROUTE DE PARIS à ALENÇON. *(Orne.)*

23 postes trois quarts.

Voyez page 71........................ 23 *trois q.*

D'ALENÇON à CAEN, 12 postes un quart,

D'ALENÇON à Séez.....................	2 *et dem.*
Séez à Argentan......................	2 *trois q.*
Argentan à Falaise...................	2 *et dem.*
Falaise à Langannerie................	2.
Langannerie à CAEN*..................	2 *et dem.*

Le 3.ᵉ cheval pour 6 mois, de Caen à Langannerie, sans réciprocité.

D'ALENÇON à CHARTRES, 14 postes.

D'ALENÇON à Neufchâtel...............	1 *trois q.*
Neufchâtel à Mamers..................	1 *un qu.*

Le 3.ᵉ cheval réciproquement pour 6 mois.

Mamers à Belesme.....................	2.

Le 3.ᵉ cheval réciproquement pour 6 mois.

Belesme à Regmalard..................	2.

Le 3.ᵉ cheval pour 6 mois, de Regmalard à Belesme, sans réciprocité.

Regmalard à la Louppe................	2 *et dem.*

Le 3.ᵉ cheval réciproquement pour 6 mois.

La Louppe à Courville................	2 *un qu.*
Courville à CHARTRES.................	2 *un qu.*

NOMS DES RELAIS.	POSTES.

Monroi à Mouliherne, &c. suite.

De la Louppe à Nogent-le-Rotrou........... 2 et dem.

De Belesme au Mans, 7 postes.

De Belesme à Saint-Côme. .... 2.

Le 3.ᵈ cheval pour l'année de Saint-Côme à Belesme.

Saint-Côme à Bonnétable................. 1 et dem.

Le 3.ᵉ cheval pour l'année, sans réciprocité.

Bonnétable à Savigné................. 2.

Savigné au MANS .... 1 et dem.

De Mamers à Saint-Côme................. 1 un qu.

Le 3.ᵉ cheval pour l'année, sans réciprocité de Saint-Côme à Mamers.

DE SÉEZ À ÉVREUX, 11 postes et demie.

De Séez à Nonant................. 1 et dem.

Nonant à Sainte-Gauburge................. 2.

Le 3.ᵉ cheval réciproquement pour l'année.

Sainte-Gauburge à l'Aigle................. 2.

Le 3.ᵉ cheval réciproquement pour l'année,

L'Aigle à Lire................. 2.

Le 3.ᵉ cheval réciproquement pour l'année,

Lire à Conches................. 2.

Le 3.ᵉ cheval réciproquement pour l'année,

Conches à ÉVREUX................. 2.

Le 3.ᵉ cheval réciproquement pour l'année.

De Nonant à Argentan................. 2 et dem.

De Conches à Damville................. 2 et dem.

Le 3.ᵉ cheval pour l'année, de Damville à Conches, sans réciprocité.

Damville à Nonancourt................. 1 et dem.

NOMS DES RELAIS.	POSTES.

De Nonant à Moulineaux, 12 postes.

De Nonant à Gacé............................	1 et dem
Le 3.e cheval réciproquement pour l'année.	
Gacé à Verneuse........................	2.
Le 3.e cheval réciproquement pour l'année.	
Verneuse à Broglie	1 trois q
Broglie à Bernay.........................	1 un qu
Bernay à Brionne........................	2.
Le 3.e cheval réciproquement pour l'année.	
Brionne au Bourgtheroude................	2.
Le 3.c cheval réciproquement pour l'année.	
Bourgtheroude à Moulineaux..............	1 et dem
Le 3.c cheval réciproquement pour l'année.	

COMMUNICATIONS.

De Bernay { à la Rivière-Thibouville..........	1 et dem.
Le 3.e chev. pour l'année, sans réciprocité.	
au Marché-Neuf...............	1 trois q.

De Brionne à la Rivière-Thibouville...........	1 un qu.

D'ALENÇON à TOURS, 16 postes.

D'ALENÇON à la Hutte......................	1 et dem.
Le 3.e cheval réciproquement pour 6 mois.	
La Hutte à Beaumont.....................	1.
Beaumont à la Bazoge....................	2.
La Bazoge au MANS......................	1 et dem.
MANS à Écommoy........................	2 et dem.
Le 3.c cheval réciproquement pour l'année.	
Écommoy au Château-du-Loir.............	2 et dem.
Le 3.c cheval réciproquement pour l'année.	
Château-du-Loir à la Roue................	2 et dem.
Le 3.c cheval réciproquement pour l'année.	
La Roue à TOURS*.......................	2 et dem.
Le 3.e cheval pour 6 mois, réciproquement.	

ROUTES DE PARIS À AMIENS. (Somme.)

Par Chantilly (voyez page 79)	15 et dem.
Par Beauvais (voyez page 78)	15 et dem.

COMMUNICATIONS

D'Amiens à Saint-Quentin, 10 postes.

D'AMIENS* à Villers-Bretonneux	2.
Villers-Bretonneux à Faucaucourt	2 un qu.
Faucaucourt à Péronne	1 trois q.
Péronne à Beauvois	2,

Le 3.e cheval réciproquement pour l'année.

Beauvois à Roupy	1.
Roupy à Saint-Quentin*	1.

De Beauvois à Saint-Quentin*	1 et dem.

Le 3.e cheval réciproquement pour l'année.

D'AMIENS À SOISSONS, 14 postes.

D'AMIENS* à Moreuil	2 et dem.
Moreuil à Montdidier	2.
Montdidier à Cuvilly	2.

Le 3.e cheval réciproquement pour 6 mois.

Cuvilly à Compiègne	2 et dem.
Compiègne à Jaulzy	2 et dem.
Jaulzy à Soissons*	2 et dem.

_{O ç} NOMS DES RELAIS.	POSTES.
à Saint-Just..................	2.
Le 3.ᵉ cheval récip.ᵠ pour 6 mois.	
De Montdidier { à Breteuil..................	2 et dem.
Le 3.ᵉ cheval récip.' pour l'année.	
à Roye.....................	2.

D'AMIENS à ROUEN, 13 postes.

D'AMIENS * à Quevauvillers................	2.
Quevauvillers à Poix...................	1.
Poix à Aumale.....................	2.
Aumale à Neufchâtel.................	3.
Le 3.ᵉ cheval réciproquement pour l'année.	
Neufchâtel à la Boissière,............	1 et dem.
La Boissière au Vert-Galant............	1 et dem.
Vert-Galant à ROUEN *................	2.
Le 3.ᵉ cheval pour 6 mois, de Rouen au Vert-Galant, sans réciprocité.	

COMMUNICATIONS

De ROUEN * à Croisy...................	3.
Le 3.ᵉ cheval réciproquement pour l'année.	
Croisy à Gournay..................	3.
Du Vert-Galant aux Cambres.............	1 et dem.
Du Vert-Galant à Forges..............	3 et dem.
Le 3.ᵉ cheval réciproquement pour l'année.	

De Rouen à Saint-Valery, 5 postes et demie.

De ROUEN * à Barentin...............	2.
Barentin à Doudeville................	3.
Doudeville à Saint-Valery.............	2.
De Doudeville à Yvetot..............	2.

De Neufchâtel à Abbeville, 6 postes un quart.

De Neufchâtel à Foucarmont	2.
Foucarmont à Blangy	1 *un qu.*
Blangy à Huppy	1 *et dem.*
Huppy à Abbeville	1 *et dem.*

D'Abbeville au Havre, 19 postes trois quarts.

D'Abbeville à Valines	2.
Valines à Eu	
Le 3.e cheval réciproquement pour l'année.	
Eu à Tocqueville	1 *et dem.*
Tocqueville à Dieppe *	2.
Dieppe* au Bourg-d'Un	2.
Le 3.e cheval réciproquement pour l'année.	
Bourg-d'Un à Saint-Valery	1 *et dem.*
Le 3.e cheval réciproquement pour l'année.	
Saint-Valery à Cany	1 *un qu.*
Le 3.e cheval réciproquement pour 6 mois.	
Cany à Fécamp	2 *et dem.*
Le 3.e cheval réciproquement pour 6 mois.	
Fécamp à Goderville	1 *et dem.*
Goderville à Épouville	1 *et dem.*
Épouville au Havre*	2.
Le 3.e cheval réciproquement pour 6 mois.	

Nota. On s'embarque au Havre pour Honfleur.

N.º 5.

ROUTES DE PARIS à ANGERS. *(Maine-et-Loire.)*

Par le Mans (*voyez* page 141)	36 *trois q.*

Par Tours, 43 postes un quart.

De PARIS à TOURS (*voyez* page 61)	29 *un qu.*
TOURS à ANGERS (*voyez* page 143)	14.

De

ROUTES DE PARIS À ANGOULÊME. (Charente.)

Par Orléans (voyez page 61).................. 59 et dem

Par Chartres, 59 postes trois quarts.

De PARIS à TOURS (voyez pag. 163)........... 29.

TOURS à ANGOULÊME (voyez pag. 62)........ 30 trois q

N.° 7.

ROUTE DE PARIS À ARRAS. (Pas-de-Calais.)

Deux Routes conduisent à Arras :

L'une par Amiens, 23 p. un quart (voy. p. 113);
L'autre par Senlis et Péronne, 22 postes un
quart (voy. pag. 114).

COMMUNICATIONS

D'Arras à Abbeville, 9 postes.

D'ARRAS* à l'Arbret..................... 2.
L'Arbret à Doulens...................... 2.
Doulens à Beaumetz..................... 2 et dem
Beaumetz à Abbeville................... 2 et dem

D'ARRAS à Marquion .... 2 trois q
Marquion à Cambray *.................. 1 et dem

D'ARRAS à Gaverelle.................... 1 un qu
Gaverelle à Douay*..................... 2.

D'ARRAS à Tinques............................	2 trois q.
Tinques à Saint-Pol..........................	1 et dem.
Saint-Pol à Hesdin...........................	2 et dem.

D'Arras à Saint-Omer, 8 postes et demie.

D'ARRAS à Souchez...........................	1 et dem.
Souchez à Béthune............................	2.
Béthune à Lillers.............................	1 et dem.
Lillers à Aire...............................	1 et dem.
Aire à Saint-Omer............................	2.

De Saint-Omer à Cassel.......................	2 et dem.

Le 3.ᵉ cheval réciproquement pour 6 mois.

N.° 8.

ROUTE DE PARIS à AUCH. (Gers.)
99 postes.

De PARIS à TOULOUSE (voyez page 147).	90 et dem.
TOULOUSE à AUCH (voyez page 161).	8 et dem.

N.° 9.

ROUTE DE PARIS à AURILLAC. (Cantal.)
67 postes et demie.

De PARIS à Uzerche (voyez page 147).	56 trois q.

Nota. D'Uzerche à AURILLAC la route n'est pas montée.

Uzerche à Seilhac...........................	2.
Seilhac à TULLE.............................	1 trois q.
TULLE à Argentat............................	2 et dem.
Argentat à Monvert..........................	2.
Monvert à AURILLAC.........................	2 et dem.

NOMS DES RELAIS.	POSTES.

N.º 10.

ROUTE DE PARIS À AUXERRE. (*Yonne.*)

Voyez page 117 .... | 20 *trois q*

N.º 11.

ROUTE DE PARIS À AVIGNON. (*Vaucluse.*)

De PARIS à LYON (*voyez* page 119).
LYON à AVIGNON (*voyez* page 124). .... | 30 *un qu*

N.º 12.

ROUTE DE PARIS À BAR-LE-DUC. (*Meuse.*)

Voyez page 156 .... | 31 *et dem*

COMMUNICATIONS

De Bar-le-Duc à Nancy. 11 postes.

De BAR-LE-DUC à Villotte.	2.
Le 3.ᵉ cheval réciproquement pour l'année.	
Villotte à Saint-Mihiel.	2.
Saint-Mihiel à Beaumont.	2 et dem
Le 3.ᵉ cheval réciproquement pour l'année.	
Beaumont à Rozières-en-Haye.	2.
Rozières-en-Haye à NANCY.*	2 et dem
Le 3.ᵉ cheval réciproquement pour l'année.	
De Beaumont à Commercy.	2.
Le 3.ᵉ cheval pour l'année, de Commercy à Beaumont, sans réciprocité.	
Commercy à Saint-Aubin.	1 et dem

NOMS DES RELAIS.	POSTES.

N.º 13.

ROUTE DE PARIS À BAYONNE.

Trois Routes conduisent à Bayonne :

L'une par Orléans et Bordeaux,

L'autre par Chartres, 111 post. (*voy.* pag. 53);

La 3.ᵉ par Toulouse, 125 p. un q. (*voy.* p. 54).

Par Orléans et Bordeaux, 110 postes et demie.

De PARIS à BORDEAUX (*voyez* pag. 69).....	78.
BORDEAUX* au Bouscaut :..............	1 *trois q.*
Le 3.ᵉ cheval réciproquement pour 6 mois.	
Bouscaut à Castres................	1 *trois q.*
Le 3.ᵉ cheval réciproquement pour 6 mois.	
Castres à Cerons................	1 *et dem.*
Le 3.ᵉ cheval réciproquement pour 6 mois.	
Cerons à Langon................	1 *et dem.*
Le 3.ᵉ cheval réciproquement pour 6 mois.	
Langon à Bazas................	2 *et dem.*
Le 3.ᵉ cheval réciproquement pour l'année.	
Bazas à Captieux................	*et dem.*
Le 3.ᵉ cheval réciproquement pour l'année.	
Captieux au Poteau................	
Le 3.ᵉ et le 4.ᵉ cheval réciproquement pour l'année.	
Poteau à Roquefort................	*et dem.*
Le 3.ᵉ cheval réciproquement pour l'année.	
Roquefort à Caloy................	1 *et dem.*
Le 3.ᵉ cheval pour l'année, de Caloy à Roquefort.	

NOMS DES RELAIS.	POSTES.
De Caloy à MONT-DE-MARSAN............... Le 3.ᵉ cheval réciproquement et le 4.ᵉ sans réciprocité pour l'année.	1 et dem.
MONT-DE-MARSAN à Campagne........... Le 3.ᵉ et le 4.ᵉ cheval réciproquement pour l'année.	1 trois q.
Campagne à Tartas...................... Le 3.ᵉ et le 4.ᵉ cheval réciproquement pour l'année.	2.
Tartas à Pontons....................... Le 3.ᵉ et le 4.ᵉ cheval réciproquement pour l'année.	1 et dem.
Pontons à Dax......................... Le 3.ᵉ et le 4.ᵉ cheval réciproquement pour l'année.	1 trois q.
Dax à Saint-Geours..................... Le 3.ᵉ et le 4.ᵉ cheval réciproquement pour l'année.	2.
Saint-Geours aux Cantons............... Le 3.ᵉ et le 4.ᵉ cheval réciproquement pour l'année.	2.
Cantons à Ondres...................... Le 3.ᵉ et le 4.ᵉ cheval réciproquement pour l'année.	2.
Ondres à Bayonne...................... Le 3.ᵉ cheval réciproquement pour l'année.	1 et dem.

COMMUNICATION

De Bayonne à Yrun, 6 postes et demie.

De Bayonne à Bidart.................... Le 3.ᵉ cheval réciproquement pour l'année.	1 et dem.
Bidart à Saint-Jean-de-Luz.............. Le 3.ᵉ cheval réciproquement pour l'année.	1 et dem.
Saint-Jean-de-Luz à Orogne............. Le 3.ᵉ cheval réciproquement pour l'année.	1 et dem.
Orogne à Yrun *(Poste étrangère)*....... Le 3.ᵉ cheval pour 6 mois , sans réciprocité.	2.

AUTRE ROUTE DE PARIS À BAYONNE,

Par Chartres, 111 postes.

De PARIS à CHARTRES *(voyez page 141)*......	10 trois q.

D 3

De CHARTRES à TOURS (*voyez page 63*)
TOURS à BORDEAUX (*voyez page 62*)
BORDEAUX à Bayonne (*voyez page 52*)

AUTRE ROUTE DE PARIS À BAYONNE,

Par *Toulouse, 125 postes un quart.*

De PARIS à TOULOUSE (*voyez page 14*)
TOULOUSE à TARBES (*voyez page 101*) . . . . 6 trois q.
TARBES aux Bordes-d'Expoey 3
  Le 3.e cheval réciproquement pour l'année.
Bordes-d'Expoey à PAU 2
PAU à Artix . . . . 2 et dem.
  Le 3.e cheval réciproquement pour 6 mois . .
Artix à Orthès . . . . 3 et dem.
  Le 3.e cheval réciproquement pour 6 mois.
Orthès à Puyoo . . . . 1 et dem.
  Le 3.e cheval réciproquement pour l'année.
Puyoo à Peyrehorade 2
  Le 3.e cheval réciproquement pour l'année.
Peyrehorade à Biaudos . . . . 2 et dem.
  Le 3.e cheval réciproquement pour l'année.
Biaudos à BAYONNE 2
  Le 3.e cheval réciproquement pour l'année.

. . . . N.º 14. . . . . . .

ROUTE DE PARIS à BEAUVAIS.

Voyez page 78. 10 et dem.

. . . . . . N.º 15. . . . . . .

ROUTE DE PARIS à BEFFORT.

51 postes un quart.

De PARIS à Charenton . . . .

NOMS DES RELAIS.	POSTES.
De Charenton à Grosbois	1 et dem.
Grosbois à Brie-Comte-Robert	1.
Brie-Comte-Robert à Guignes	2.
Guignes à Mormant	1.
Mormant à Nangis	1 et dem.
Nangis à la Maison-Rouge (Seine-et-Marne)	1 et dem.
La Maison-Rouge à Provins	1 et dem.
Provins à Nogent-sur-Seine	2.
Nogent-sur-Seine à Pont-sur-Seine	1.
Pont-sur-Seine aux Granges	1 et dem.
Granges aux Grez	1 trois q.
Le 3.e cheval réciproquement pour 6 mois.	
Grez à TROYES*	2 un qu.
TROYES* à Montiéramé*	2 un qu.
Le 3.e cheval réciproquement pour 6 mois.	
Montiéramé à Vandeuvre	1 et dem.
Le 3.e cheval réciproquement pour 6 mois.	
Vandeuvre à Bar-sur-Aube	2 et dem.
Bar-sur-Aube à Colombey-les-Deux-Eglises	1 trois q.
Colombey-les-Deux-Eglises à Suzennecourt	1.
Suzennecourt à CHAUMONT-EN-BASSIGNY	2.
CHAUMONT-EN-BASSIGNY à Vesaignes	2.
Le 3.e cheval réciproquement pour 6 mois.	
Vesaignes à Langres	2.
Le 3.e cheval pour l'année, sans réciprocité.	
Langres aux Griffonottes	1 et dem.
Le 3.e cheval pour 6 mois, des Griffonottes à Langres, sur réciprocité.	
Griffonottes au Fay-Billot	1 et dem.
Fay-Billot à Cintrey	1 et dem.
Cintrey à Combeau-Fontaine	1 et dem.
Combeau-Fontaine à Port-sur-Saone	1 et dem.
Port-sur-Saone à VESOUL	1 et dem.
VESOUL à Calmoutier	1 et dem.

D 4

NOMS DES RELAIS.	POSTES.
De Calmoutier à Lure.	2
Le 3.e cheval réciproquement pour 6 mois.	
Lure à Champagney.	2 un qu.
Champagney à Beffort.	2.
COMMUNICATIONS.	
De Brie-Comte-Robert à Melun.	2.
De Beffort à Chavannes.	2.
Chavannes à Altkirch.	2.
Altkirch aux Trois-Maisons.	2.
Trois-Maisons à Basle. *(Poste étrangère.)*	2.
De Beffort à Delle.	2.
Delle à Porentruy. *(Poste étrangère.)*	1 et dem.
De Beffort à Montbeillard.	2.
De Montbeillard à Delle.	2.
De Montbeillard à Isle-sur-le-Doubs.	2 trois q.
Dès Trois-Maisons à Huningue.	3.
De Troyes à Saudron, 13 postes un quart.	
De TROYES* à Piney.	2 et dem.
Le 3.e cheval réciproquement pour l'année.	
Piney à Brienne.	2 un qu.
Brienne à Tremilly.	2 et dem.
Tremilly à Dommartin.	1 et dem.
Dommartin à Joinville.	2 et dem.
Le 3.e cheval réciproquement pour l'année.	
Joinville à Saudron.	
Le 3.e cheval réciproquement pour l'année.	

NOMS DES RELAIS.	POSTES.
De Lure à Saint-Sauveur...........................	2.
D'Altkirch à Mulhausen............................	2, un qu.
Mulhausen à Bantzenheim..........................	2, un qu.
De Mulhausen à Sierentz...........................	2 un qu.
Sierentz à Saint-Louis.............................	1 trois q.

N.º 16.

ROUTE DE PARIS à BESANÇON. *(Doubs)*

49 postes.)

De PARIS à TROYES (*voyez page* 54)............	19 et dem.
TROYES* à Saint-Parre-les-Vaudes................	2 un qu.
Saint-Parre-les-Vaudes à Bar-sur-Seine..........	1 et dem.
Bar-sur-Seine à Mussy-sur-Seine.................	2 et dem.
Mussy-sur-Seine à Châtillon-sur-Seine............	2.
Châtillon-sur-Seine à Saint-Marc.................	2 et dem.
Le 3.ᶜ cheval réciproquement pour l'année..	
Saint-Marc à Ampilly.............................	2.
Le 3.ᶜ cheval pour 6 mois, sans réciprocité.	
Ampilly à Chanceaux..............................	1 trois q.
Le 3.ᶜ cheval pour l'année, de Chanceaux à Ampilly, sans réciprocité...	
Chanceaux à Saint-Seine..........................	1 et dem.
Le 3.ᶜ cheval réciproquement pour l'année.	
Saint-Seine au Val-de-Suzon......................	1 un qu.
Le 3.ᶜ cheval pour six mois, et, pour l'année, du Val-de-Suzon à Saint-Seine.	
Val-de-Suzon à DIJON.............................	2.
Le 3.ᶜ cheval pour l'année sans réciprocité.	
DIJON à Genlis...................................	2.
Genlis à Auxonne.................................	1 trois q.
Le 3.ᶜ cheval réciproquement pour 6 mois.	

NOMS DES RELAIS.	POSTES.
D'Auxonne à Dôle............................	
Dôle à Orchamps..........................	
Orchamps à Saint-Vit.....................	1 et dem.
Saint-Vit à BESANÇON*..................	
Le 3.e cheval réciproquement pour l'année....	

COMMUNICATIONS.

De Châtillon à Saulieu, 8 postes et demie.

De Châtillon-sur-Seine à Montbard.......	3 et dem.
Le 3.e cheval réciproquement pour l'année....	
Montbard à Semur.........................	
Semur à la Maison-Neuve (Côte-d'Or)...	
La Maison-Neuve à Saulieu..............	

De Semur à Vitteaux......................

De Dijon à Combeau-Fontaine, 10 postes et demie.

De DIJON à Mirebeau......................	
Mirebeau à Gray..........................	
Gray à Lavoncourt........................	
Lavoncourt à Combeau-Fontaine.........	

De Dôle au Grand-Noir...................	
Grand-Noir à Seurre......................	
Seurre à Moisey..........................	
Moisey à Beaune..........................	

De Besançon à Champagnole, 8 postes et demie.

De BESANÇON à Busy......................

Le 3.e cheval réciproquement pour l'année....	
Busy à Quingey...........................	
Le 3.e cheval réciproquement pour 6 mois.	
Quingey à Salins..........................	
Salins à Champagnole.....................	
Le 3.e cheval réciproquement pour l'année....	

POSTE.	NOMS DES PLACES.	POSTES.
De Salins à Mouchard,...............		
Mouchard à Mont-sous-Vaudrey......		
De Mont-sous-Vaudrey à Arbois......		
Arbois à Salins...		

Le 3.e cheval réciproquement pour l'année.

De Besançon à Langres, 11 postes.

De BESANÇON à Récologne..............		
Le 3.e cheval réciproquement......		
Recologne à Bonboillon..............		et dem.
Bonboillon à Gray...................		q.
Gray à Champlitte...................		2 trois q.
Champlitte à Longeau................		3.

Le 3.e cheval réciproquement pour 6 mois.

Longeau à Langres...................		1 et dem.

De Besançon à Plombières, 11 postes et demie.

De BESANÇON à Voray.................		et dem.

Le 3.e cheval réciproquement pour l'année.

Voray à Maison-Neuve (Haute-Saône)....
Le 3.e cheval réciproquement pour l'année.

Maison-Neuve à VESOUL...............		

Le 3.e cheval réciproquement pour l'année.

VESOUL à Saulx......................		1 et dem.
Saulx à Saint-Sauveur...............		1 trois q.
Saint-Sauveur à Fougerolles.........		un qu.

Le 3.e cheval réciproquement pour l'année.

Fougerolles à Plombières............		1 et dem.

Le 3.e cheval réciproquement pour l'année ; et, de
Plombières à Fougerolles, sur toutes les voitures,
.e cheval réciproquement pour 6 mois,
distinctement.

De Besançon à Pontarlier, 7 postes et demie.

De BESANÇON à Mercy.................		2.

Le 3.e cheval pour l'année, sans réciprocité.

NOMS DES RELAIS.	POSTES.
De Mercy à Ornans.................................	dem.
Le 3.e cheval pour l'année, d'Ornans à Mercy et le	
sans réciprocité.	
Ornans à la Grange-d'Aleino...................	
Le 3.e cheval pour l'année, sans réciprocité.	
La Grange-d'Aleine à Pontarlier............	2.
Le 3.e cheval réciproquement pour l'année.	
De Pontarlier à Levier...........................	2 et dem.
Le 3.e cheval réciproquement pour l'année.	
Levier à Salins.....................................	2 et dem.
Le 3.e cheval réciproquement pour l'année, et le 4.le	
pour l'année, sans réciprocité, de Salins à Levier.	
De Pontarlier à la sortie des Verrières de France,	
route de Neufchâtel, frontière de la Suisse..	1 un qu.
De Pontarlier à la sortie de Jougne, frontière de	
la Suisse, route de Lausanne......................	2 trois q.
DE BESANÇON À STRASBOURG, 27 p. et demie.	
De BESANÇON à Roulans.........................	2 un qu.
Le 3.e cheval réciproquement pour l'année.	
Roulans à Baume-les-Dames.....................	1 et dem.
Baume-les-Dames à Clerval......................	2.
Clerval à l'Isle-sur-le-Doubs....................	1 et dem.
L'Isle-sur-le-Doubs à Tavey......................	2 et dem.
Le 3.e cheval réciproquement pour l'année.	
Tavey à Beffort.......................................	1 et dem.
Beffort à la Chapelle..............................	2
La Chapelle à Aspach.............................	et dem.
Aspach à Isenheim.................................	
Isenheim à Hatstat.................................	et dem.

NOMS DES RELAIS.	POSTES.
De Hattstat à COLMAR..	1 un qu.
Le 3.e cheval réciproquement pour l'année.	
COLMAR à Ostheim..	1 un qu.
Ostheim à Schelestat..	1 et dem.
Schelestat à Benfeld..	2
Benfeld à Saint-Ludan..	1 et dem.
Saint-Ludan à STRASBOURG *...............................	1 trois q.
COMMUNICATION	
D'Isenheim à Mulhausen..	

N.° 17.

ROUTE DE PARIS À BLOIS, *(Loir-et-Cher.)*

Voyez ci-dessous la route de BORDEAUX.......... | 21 trois q.

N.° 18.

ROUTE DE PARIS À BORDEAUX. *(Gironde.)*

Trois Routes conduisent à Bordeaux :

L'une par Orléans et Poitiers ;

L'autre par Châteauroux, 76 p. trois quarts
(*voyez* page 64) ;

La troisième par Chartres, 77 p. trois quarts
(*voyez* page 65.)

Par Orléans et Poitiers, 78 postes.

De PARIS à Berny..	1 et dem.
Berny à Longjumeau..	1
Longjumeau à Arpajon......................................	1 et dem.
Arpajon à Étrechy...	1 et dem.
Étrechy à Étampes...	1 et dem.
Étampes à Mondesir..	
Mondesir à Angerville......................................	1 un qu.
Angerville à Toury..	1 trois q.
Toury à Artenay...	

D'Artenay à Chevilly....................	1.
Chevilly à ORLÉANS *...................	trois q.
ORLÉANS * à Saint-Ay..................	1 et dem.
Saint-Ay à Beaugency.................	1 et dem.
Beaugency à Mer......................	1 et dem.
Mer à Menars........................	1 et dem.
Le 3.ᵉ cheval pour 6 mois, de Menars à Mer, sans réciprocité.	
Menars à BLOIS......................	1.
Le 3.ᵉ cheval pour 6 mois, de Blois à Menars.	
BLOIS à Chousy......................	1 et dem.
Chousy à Veuves.....................	1 et dem.
Veuves à Amboise....................	1 et dem.
Amboise à la Frillière...............	1 et dem.
La Frillière à TOURS *...............	1 et dem.
TOURS * à Montbazon.................	2 et dem.
Le 3.ᵉ cheval pour 6 mois, avec réciprocité.	
Montbazon à Sorigny.................	1.
Le 3.ᵉ cheval réciproquement pour 6 mois.	
Sorigny à Sainte-Maure..............	2.
Le 3.ᵉ cheval pour 6 mois, avec réciprocité.	
Sainte-Maure aux Ormes.............	2.
Le 3.ᵉ cheval réciproquement pour 6 mois.	
Ormes à Ingrande....................	1 et dem.
Ingrande à Châtellerault............	1.
Châtellerault aux Barres de Nintré....	1.
Barres de Nintré à la Tricherie.......	1.
La Tricherie à Clan..................	1.
Clan à POITIERS....................	2.
POITIERS à Croutelle................	1.
Le 3.ᵉ cheval réciproquement pour l'année.	
Croutelle à Vivonne.................	2.
Vivonne aux Minières................	1 et dem.

NOMS DES RELAIS	POSTES.
De Minières à Couhé-Verac........................	
Couhé à Chaunay...............................	
Chaunay aux Maisons-Blanches...................	
Maisons-Blanches à Ruffec......................	
Ruffec aux Nègres.............................	
Nègres à Mansle..............................	
Le 3.e cheval réciproquement pour 6 mois.	
Mansle à Churet...............................	
Le 3.e cheval réciproquement pour 6 mois.	
Churet à ANGOULÊME.........................	1 et dem.
Le 3.e cheval réciproquement pour l'année.	
ANGOULÊME * au Roûlet.......................	
Le 3.e cheval réciproquement pour 6 mois.	
Nota. Il est dû une demi-poste de plus lorsque les voyageurs se font conduire dans la cité.	
Roûlet à Pétignac.............................	1.
Pétignac à Barbezieux.........................	2.
Le 3.e cheval réciproquement pour 6 mois.	
Barbezieux à Reignac..........................	1 et dem.
Reignac à la Grolle...........................	1 et dem.
La Grolle à Montlieu..........................	2.
Le 3.e et le 4.e cheval réciproquement pour l'année.	
Montlieu à Chiersac...........................	1.
Le 3.e cheval pour l'année, sans réciprocité.	
Chiersac à Cavignac..........................	2.
Le 3.e cheval réciproquement pour 6 mois.	
Cavignac à Cubzac............................	2 et dem.
Le 3.e cheval réciproquement pour l'année.	
Cubzac au Carbon-Blanc.......................	1.
Nota. Il est dû une poste et demie de Cubzac au Carbon-Blanc, à cause du passage du bac.	
Carbon-Blanc * à BORDEAUX *.................	

ROUTE DE PARIS À BORDEAUX,
Par Châteauroux, 76 postes trois quarts.

De PARIS à LIMOGES (*voyez* page 147)........	48 *trois q.*
LIMOGES * à Aixé................................	1 *et dem.*
Le 3.ᵉ cheval réciproquement pour l'année.	
Aixé à Gatinaud................................	1 *et dem.*
Le 3.ᵉ cheval réciproquement pour l'année.	
Gatinaud à Chalus..............................	1 *un qu.*
Le 3.ᵉ cheval réciproquement pour l'année.	
Chalus à la Coquille..........................	1 *et dem.*
Le 3.ᵉ cheval réciproquement pour l'année.	
La Coquille à Thiviers........................	2.
Le 3.ᵉ cheval réciproquement pour l'année.	
Thiviers aux Palissons........................	1 *et dem.*
Le 3.ᵉ cheval réciproquement pour l'année.	
Palissons à PÉRIGUEUX..........................	2 *trois q.*
Le 3.ᵉ cheval réciproquement pour l'année.	
PÉRIGUEUX à la Massoulie.......................	2 *un qu.*
Le 3.ᵉ cheval réciproquement pour l'année.	
La Massoulie à Mucidan........................	2.
Le 3.ᵉ cheval réciproquement pour l'année.	
Mucidan à Montpon.............................	2.
Le 3.ᵉ cheval réciproquement pour l'année.	
Montpon à Saint-Médard........................	2.
Le 3.ᵉ cheval réciproquement pour l'année.	
Saint-Médard à Libourne.......................	2 *et dem.*
Le 3.ᵉ cheval réciproquement pour l'année.	
Libourne à Saint-Pardoux......................	1 *un qu.*

Nota. Il est dû un quart de poste, en sus de la distance de
Libourne à Saint-Pardoux, et réciproquement, à cause de
différens passages de la rivière.

Le 3.ᵉ cheval réciproquement pour 6 mois.

De Saint-Pardoux au Carbon-Blanc.............	2.
Carbon-Blanc * à BORDEAUX *................	2.

ROUTE DE PARIS À BORDEAUX,

Par Chartres; 77 postes trois quarts.

De PARIS à TOURS (*voyez page* 163)...........	29.
TOURS à BORDEAUX (*voyez page* 62).........	48 *trois q.*

DE BORDEAUX à BREST, 79 postes et demie.

De BORDEAUX * au Carbon-Blanc *............	2.
Carbon-Blanc * à Cubzac...................	1.

Nota. Il est dû une demi-poste en sus de la distance au Maître de poste de Cubzac, à cause de la difficulté du bac.

Cubzac à Damet.........................	1 *et dem.*
Le 3.e cheval réciproquement pour l'année.	
Damet à Fontarabie.......................	1.
Le 3.e cheval réciproquement pour l'année.	
Fontarabie à Ragoneau....................	1 *et dem.*
Le 3.e cheval réciproquement pour l'année.	
Ragoneau à Étauliers.....................	1½
Le 3.e cheval réciproquement pour l'année.	
Étauliers à Saint-Aubin...................	1.
Le 3.e cheval réciproquement pour l'année.	
Saint-Aubin à Mirambeau..................	1 *et dem.*
Le 3.e cheval réciproquement pour l'année.	
Mirambeau à Saint-Genis..................	1 *et dem.*
Le 3.e cheval réciproquement pour l'année.	
Saint-Genis à Pons......................	1 *et dem.*
Le 3.e cheval réciproquement pour l'année.	

E

POSTES.	NOMS DES RELAIS.	POSTES.
	De Pont à la Jard.	
	La Jard à Saintes.	
	Le 3.e cheval réciproquement pour 6 mois.	
	Saintes à Saint-Porchaire.	
	Saint-Porchaire à Saint-Hippolyte.	
	Saint-Hippolyte à Rochefort.	
	Le 3.e cheval réciproquement pour l'année.	
	Rochefort au Passage.	
	Le 3.e cheval réciproquement pour six mois.	
	Passage à LA ROCHELLE.	
	Le 3.e cheval réciproquement pour l'année	
	LA ROCHELLE à Grolaud.	
	Le 3.e cheval pour 6 mois, sans réciprosité.	
	Grolaud à Marans	
	Le 3.e cheval réciproquement pour un an.	
	Marans à Moreilles.	
	Moreilles à Luçon.	
	Luçon à Mareuil.	
	Mareuil à BOURBON.	
	BOURBON à Belleville.	
	Belleville à Montaigu.	
	Le 3.e cheval réciproquement pour 6 mois.	
	Montaigu à la Jaunaye.	
	Le 3.e cheval réciproquement pour l'année.	
	La Jaunaye à NANTES.	
	Le 3.e cheval réciproquement pour l'année.	
	NANTES au Temple.	
	Le 3.e cheval réciproquement pour l'année.	
	Temple à la Moere.	
	La Moere à Pont-Château.	
	Pont-Château à la Roche-Bernard.	

e la Roc	·Bernard à Muzillac.............. Jard	
Ver?	val réciproquement pour l'année. Saintes.	La Jard
Muzillac	VANNES	Le 3.e
Le 3.e	val réciproquement pour l'année.	Saintes
VANNE	à Auray.......	Saint-P
Le 3.e	chaire à Saint-Hippolyte	Saint-H
Auray à	eval réciproquement pour l'année. polyre à Rochefort	Le 3.e
Landev	ndevan.	Rochet
Henné	à Hennebon.........	Le 3.e
Le 3.e	h à Quimperlé...........	Passage
Quimpe	eval réciproquement pour 6 mois.	Le 3.e
Le 3.e	é à Rosporden........ LA ROCHELLE	La Ro
Rospor	eval réciproquement pour l'année.	Le 3.e
Le 3.e	à QUIMPER............ Effé à Groland	Groland
QUIMPE	eval réciproquement pour l'année.	Le 3.e
Le 3.e	à Châteaulin............... Marans	Groland
Château	heval réciproquement...	Le 3.e
Le 3.e	n au Faou.............. Moreilles	Marans
Faou à	val réciproquement pour l'année. à Luçon	Moreil
	erneau..................	Luçon à
	eval réciproquement pour l'année. BOURBON	Nareuil
	au à BREST*............... à Belleisle	
	eval réciproquement pour l'année. à Montaigu	Le 3.e

COMMUNICATIONS

De Mor	lles à Montaigu, 8 postes et demie.	
De Moreil	s à Saint-Hermand.....	
Le 3.e	eval réciproquement pour 6 mois. NANTES	
Saint-H	mand à Chantonnay............	
	eval réciproquement pour 6 mois. au T	NTES
Chantor	ay au Fougerais	i trois q.
	eval réciproquement pour 6 mois. la Mocre	simple
Fougera	à Montaigu............ Pour-Château	i trois q.
Le 3.e	eval réciproquement pour 6 mois. eau à la Roch	

E 2

POSTES.	NOMS DES RELAIS.	POSTES.

De Fougerais aux Baragues . . . .

De Saint-Hermand à Fontenay-le-Comte. . . . . . 3 *trois q*
  Le 3.e cheval réciproquement pour l'année.

Baragues à BOURBON-VENDÉE.

De Fontavabie à Blaye. 1 *un qu*
  Le 3.e cheval réciproquement pour 6 mois.

N.° 20.

D'Étaulier à Blaye. . . . . 1 *et dem*
  Le 3.e cheval réciproquement . . . . .

ROUTE DE PARIS à BOURG

De Paris à Dijon (voyez page 61). N.° . . . .

ROUTE DE PARIS A BOURBON-VENDÉE.

De Dijon à la Baraque . . . 52 postes et demie . . 1 *et dem*

De PARIS à TOURS (voyez page 61). . . . .

TOURS* à Luynes. . . . . 1 *et dem*

Luynes à Langeais. . . . . 1 *et dem*

Langeais aux Trois-Volets. . . . .

Trois-Volets à Chouzé. . . . . 1 *et dem*

Chouzé à la Croix-Verte. . . . .

La Croix-Verte à Doué. . . . . 2 *un qu*
  Le 3.e cheval réciproquement pour l'année.

Doué à Vihiers. . . . . 2 *un qu*
  Le 3.e cheval réciproquement pour 6 mois.

Vihiers à Vézins. 1 *et dem*
  Le 3.e cheval réciproquement pour 6 mois.

Vézins à Chollet. . . . .
  Le 3.e cheval réciproquement pour 6 mois.

Chollet à Mortagne. . . . . 1 *un qu*
  Le 1.e cheval réciproquement pour l'année, et le 3.e . . . *un sans récipro.*

Mortagne aux Herbiers . . . .
  Le 3.e cheval réciproquement pour 6 mois.

Herbiers au Fougerais . . . .
  Le 3.e cheval réciproquement pour 6 mois.

POSTES.	NOMS DES ABBAYES.	POSTES.

De Fougerais aux Baraques . . . . 1 et dem.

Le 3.e cheval réciproquement pour l'année.

Baraques à BOURBON-VENDÉE. . . . . 1 et dem.

N.o 20.

ROUTE DE PARIS À BOURG.

De PARIS à DIJON (voyez page 97).

De Dijon à Bourg, composée qui suivent.

De DIJON à la Baraque . . . . 1 et dem.

La Baraque à Nuits. . . . . 1 et dem.

Nuits à Béaune. 1

Béaune à Chagny 2

Chagny à Châlons-sur-Saone 2

Châlons à MÂCON (voyez page 119). . . . . 7 et dem.

MÂCON au Logis-Neuf. 2

Le 3.e cheval réciproquement pour l'année.

Logis-Neuf à BOURG (Ain). 2

Le 3.e cheval réciproquement pour l'année.

DE BOURG à GENÈVE, 17. postes un quart.

De BOURG à Pont-d'Ain. . . . . 2 et dem.

Pont-d'Ain à Cerdon. . . . . 1 et dem.

Cerdon à Maillac. 1 un qu.

Le 3.e cheval pour l'année réciproquement, et le 4.e sans réciprocité.

Maillac à Nantua . . . . 1 un qu.

Nantua à Saint-Germain-de-Joux . . . . et dem.

Le 3.e cheval réciproquement pour l'année.

Saint-Germain-de-Joux à Bellegarde. . . . . . . 1 trois q.

Le 3.e cheval réciproquement pour l'année.

E 3

DE PARIS À BOURGES

27 postes.

à Nogent-sur-Vernisson (voyez p. 73)
à Gien
la Chapelle d'Angillon
à Grange-Neuve
à BOURGES

COMMUNICATION

Briare

De BOURGES à Mehun-sur-Yèvre
à Vierzon

ROUTE DE PARIS À BREST

eux Routes conduisent à Brest

L'une par Alençon et Rennes
par Caen et

page 74

Par Al | con et Rennes...74 postes...

De PARI | à VERSAILLES
à Saint-Croix

Nota La distance de Paris à Versailles...
Ex

VERSA | à Pontchartrain .... | 4 et dem
Pontch | rtrain à la Queue.............. | 1 et dem
La Qu | ue à Houdan...................... | 1 et dem.
Houda | à Marolles...................... | 1.
Maroll | à Dreux........................ | 1 et dem
Dreux | Nonancourt...................... | Roy dem
Nonan | ourt à Tillières................ | 1 et dem
Tillièr | à Verneuil.....................
Verne | à Nogent-sur-... | 1 un qu
Sainc | urice à Mortagne................ | 1 et dem

Mor | béval réciproquement pour l'année
e au Mesle-sur-Sarthe
M | heval pour l'année, du Mesle-sur-Sar
gne, sans réciprocité.

Mesle- | r-Sarthe au Ménil-Broust.... | 1 un qu.
Menil- | roust à ALENÇON*............
ALENÇ | N* à Saint-Denis (Orne)....... | 1 et dem
La 3.e | eval pour l'année, avec réciproc...
Saint | nis à Prez-en-Pail............ | 1 et dem
Le 3.e | heval réciproquement pour 6 mois
Prez-e | -Pail au Ribay................ | 2.
Le 3.e | heval réciproquement pour 6 mois

Ribay | Mayenne | 1 un qu
Le 3.e | heval pour l'année, de Mayenne au Ribay,
réci | rocité.
Mayen | e à Martigné.................... | 2.
Martig | é à LAVAL......................
LAVA | à la Gravelle
Le 3. | heval réciproquement pour 6 mois

POS.	NOMS DES RELAIS.	POSTES.
	De la Gravelle à Vitré ::::::::::	
	Le 3.e cheval réciproquement pour l'année, il y a	
	4.e cheval pour l'année, sans réciprocité, de Belle-Ile-en-terre au Poitou.	
	Vitré à Châteaubourg..........	
	Le 2.e cheval réciproquement pour l'année.	
	Châteaubourg à Noyal........	1 et dem.
	Le 3.e cheval réciproquement pour l'année.	
	Noyal à RENNES *..............	1 et dem.
	Le 3.e cheval réciproquement pour l'année.	
	RENNES * à Pacé.................	1 et dem.
	Le 3.e cheval réciproquement pour 6 mois.	
	Pacé à Bedé........................	1 et dem.
	Le 3.e cheval réciproquement pour l'année.	
	Bedé à Montauban (Ille-et-Vilaine).	1 et dem.
	Le 4.e cheval réciproquement pour l'année.	
	Montauban à Broons..............	1 et dem.
	Le 3.e cheval réciproquement pour l'année.	
	Broons à Langouedre.............	1 et dem.
	Le 3.e cheval réciproquement pour l'année.	
	Langouedre à Lamballe............	2.
	Le 3.e cheval réciproquement pour l'année.	
	Lamballe à SAINT-BRIEUX........	2 et dem.
	Le 3.e cheval réciproquement pour 6 mois.	
	SAINT-BRIEUX à Chatelaudren...	1 et dem.
	Le 3.e cheval réciproquement pour l'année.	
	Chatelaudren à Guingamp.........	1 et dem.
	Guingamp à Belle-Ile-en-terre:.....	2 et dem.
	Le 3.e cheval réciproquement pour l'année, et le 4.e cheval pour 6 mois, sans réciprocité, de Belle-Ile-en-terre à Guingamp.	

POSTES.	NOMS DES RELAIS.	POSTES.
	De Belle-Ile-en-terre au Pontou	
	Le 3.e cheval réciproquement pour l'année.	
	4.e cheval pour l'année, sans réciprocité, de Belle-Ile-en-terre au Pontou	
	Pontou à Morlaix	
	Le 2.e cheval réciproquement pour l'année.	
	Morlaix à Landivisiau	
	Le 3.e cheval réciproquement pour l'année. *	
	Landivisiau à Landerneau	
	Le 3.e cheval réciproquement pour l'année.	
	Landerneau à BREST *	
	Le 3.e cheval réciproquement pour l'année.	
	De Dreux à Regmalard, 7 postes.	
	De Dreux à Morvillette	
	Morvillette à Châteauneuf-en-Thimerais	
	Châteauneuf à Saint-Jean-des-Murgers	
	Saint-Jean-des-Murgers à Regmalard	
	Le 3.e cheval réciproquement pour 6 mois.	
	De Dreux à Mantes, 8 postes trois quarts.	
	De Dreux à Anet	
	Anet à Houdan	
	Le 3.e cheval réciproquement pour l'année.	
	Houdan à Septeuil	
	Le 3.e cheval réciproquement pour...	
	Septeuil à Mantes	
	De Septeuil à Pontchartrain	
	D'Anet à Pacy-sur-Eure	

NOMS DES RELAIS.	POSTES.

De Verneuil à Chandé..................... | q.

Chandé à l'Aigle....................... |

Le 3.e cheval réciproquement pour l'année.

De Morlaix à Guingamp, 8 postes.

De Morlaix à Plestin.................... |

Le 3.e cheval réciproquement pour l'année.

Plestin à .... |

Le 3.e cheval réciproquement pour l'année.

Lamballe à Brest (voyez pag. 72.) | 3 trois q.

Le 3.e cheval réciproquement pour l'année.

ROUTE DE PARIS à BREST

De PARIS à CAEN (voyez page 76) | 27 trois q.

CAEN à Mondrainville | 1 et dem.

Mondrainville à Maisoncelles........... | 3 trois q.

Le 3.e cheval réciproquement pour l'année.

Maisoncelles à Ménil-au-Zouf | 3 et dem.

Le 3.e cheval réciproquement pour l'année.

Ménil-au-Zouf à Vire................... | qu.

Le 3.e cheval réciproquement pour l'année.

Vire à Saint-Sever..................... | 3 et dem.

Le 3.e cheval réciproquement pour l'année.

Saint-Sever à Villedieu-les-Poêles..... | 3 et dem.

Le 3.e cheval réciproquement pour 6 mois.

Villedieu-les-Poêles à Avranches |

Le 3.e cheval réciproquement pour l'année.

D'Avranch[es] à Pontorson..............................
Le 3.e eval réciproquement pour l'année.

Pontor[son] à Dol.......................... 2.
Le 3.e eval réciproquement pour l'année.

Dol [à D]inan.........................
Le 3.e eval réciproquement pour l'année.

Dinan à [J]ugon...................
Le 3.e heval réciproquement pour l'année.

Jugon Lamballe...................
Le 3.e eval réciproquement pour l'année.

[Lam]ball[e] heval pour l'année à Jugon.

Lam[balle] à BREST (*voyez* pag. 72).
....

COMMUNICATIONS

[Rout]e de PARIS

De Vire à [M]ortain.....................
Le 3.e eval réciproquement pour l'année.

Mortai[n] à Saint-Hilaire-du-Harcouet.
Le 3.e heval réciproquement pour l'année.

Saint[-Hilaire]-du-Harcouet à Louvig[né]...
Le 3.e heval réciproquement...

Louvig[né] à Fougères..................
Le 3.e heval réciproquement pour l'année.

......int-Sever.
Le 3.e eval réciproquement pour l'année.

heval réciproquement pour l'année.

[Villedie]u-les-Poêles à Granville.
heval réciproquement pour l'année.

NOMS DES RELAIS.	POSTES.

N.° 23.

ROUTE DE PARIS A CAEN. (_Calvados._)

Trois Routes conduisent à Caen:

L'une par Évreux ;

L'autre par Rouen et Lisieux ;

La 3.° par Rouen et Honfleur (voyez page ....)

Par Évreux (voyez page 84.)

Par Rouen et Lisieux, 31 postes trois quarts.

De PARIS à Saint-Denis.	1.
Saint-Denis à Franconville.	dem.
Franconville à Pontoise.	1 et dem.
Pontoise au Bordeau-de-Vigny.	2.
Bordeau-de-Vigny à Magny.	1 et dem.
Magny aux Thilliers.	
Le 3.° cheval pour l'année, sans réciprocité.	
Thilliers à Écouis.	
Écouis à Bourg-Baudouin.	
Bourg-Baudouin à la Forge-Féret.	
La Forge-Féret à ROUEN.	
Le 3.° cheval pour l'année, de Rouen à la Forge-Féret, sans réciprocité.	
ROUEN à Moulineaux.	
Moulineaux à Bourgtheroude.	1 et dem.
Le 3.° cheval réciprocquement pour l'année.	
Bourgtheroude à Brionne.	
Le 3.° cheval réciprocquement pour l'année.	
Brionne au Marché-Neuf.	
Marché-Neuf à l'Hôtellerie.	

POSTES.	NOMS DES DESTINATIONS.	POSTES.

De l'Hôtellerie à Lisieux. . . . . 1 *et dem*

Lisieux à Estréez. . . . . 2.
   Le 3.ᶜ cheval réciproquement pour l'année.

Estréez à Moult. . . . .
   Le 3.ᶜ cheval réciproquement pour l'année.

Moult à CAEN* . . . . 2.

COMMUNICATIONS.

De Lisieux à Estréez. . . . .
   Le 3.ᶜ cheval réciproquement pour l'année.

Estréez à Canon. . . . . 2.
   Le 3.ᶜ cheval réciproquement pour l'année.

Canon à Falaise. . . . . 3 *et dem.*
   Le 3.ᶜ cheval réciproquement pour l'année.

De Lisieux à Pont-Lévêque. . . . .
   Le 3.ᶜ cheval réciproquement pour l'année.

en et Honfleur, 31 postes et demie.

De PARIS à Moulineaux (*voyez* page 76).

Moulineaux à Bourgachard. . . . . 1 *et dem.*
   Le 3ᵉ chev. pour l'année de Bourgachard à Moulineaux.

Bourgachard à Pont-Audemer. . . . .

Pont-Audemer à Honfleur. . . . .
   Le 3.ᶜ cheval réciproquement pour l'année.
   Nota. On s'embarque à Honfleur pour le Havre.

Honfleur à Pont-l'Évêque. . . . .
   Le 3.ᶜ cheval pour l'année; et l'Évêque à Honfleur.
   Le 3.ᶜ cheval réciproquement pour l'année.

Pont-l'Évêque à Dozulé. . . . .
   Le 3.ᶜ cheval réciproquement pour l'année.

Dozulé à Troarn. . . . .

Troarn à CAEN* . . . .

NOMS DES RELAIS.	POSTES.

Deux Routes conduisent à Calais.

L'une par Chantilly, 34 postes et demie (voy. page 79);

L'autre par Beauvais, 34 postes et demie.

Par Beauvais, 32 postes et demie.

NOMS DES RELAIS.	POSTES.
De PARIS* à Saint-Denis............	1
Saint-Denis à Moisselles.....	
Moisselles à Beaumont-sur-Oise.	
Beaumont à Puiseux.....	
Puiseux à Noailles.....	
Noailles à BEAUVAIS.....	
BEAUVAIS à Marseille (Oise).....	
Marseille à Granvilliers.....	
Granvilliers à Poix.	
Poix à Airaines.....	
Airaines à Abbeville.....	
Abbeville à Nouvion.....	
Nouvion à Bernay.....	
Bernay à Nampont.....	
Nampont à Montreuil-sur-mer.....	
Montreuil-sur-mer à Cormont.....	

NOMS DES RELAIS.	POSTES.
De Cormont à Samer...........................	1.
Samer à Boulogne-sur-mer..................	2.
Boulogne-sur-mer à Marquise.............	1 trois q.
Marquise au Haut-Buisson.................	1
Haut-Buisson à Calais *....................	1 et dem.

De Boulogne-sur-mer à Saint-Omer, 6 p. et demie.

De Boulogne-sur-mer à Colembercq......	2 un qu.
Colembercq à la Motte-Bayenghem........	2 un qu.
La Motte-Bayenghem à la Saint-Omer....	1 un qu.

Le 3.e cheval pour 6 mois, de Saint-Omer à la Motte-Bayenghem, sans réciprocité.

De Montreuil-sur-mer à Hesdin...........	

ROUTE DE PARIS À CALAIS,

Par Chantilly, 34 postes et demie.

De PARIS* à Saint-Denis....................	
Saint-Denis à Ecouen......................	
Ecouen à Luzarches........................	
Luzarches à Chantilly......................	

Nota. Il est dû un quart de poste en sus, lorsque le maître de poste de Chantilly va prendre les voyageurs pour les conduire à Luzarches ou Laigneville.

Chantilly à Laigneville.....................	
Laigneville à Clermont (Oise).............	
Clermont à Saint-Just......................	

Le 3.e cheval réciproquement pour 6 mois.

Saint-Just à Wavignies.....................	
Wavignies à Breteuil.......................	
Breteuil à Flers...........................	
Flers à Hébecourt.........................	
Hébecourt à AMIENS*......................	
AMIENS à Picquigny........................	
Picquigny à Flixecourt....................	

NOMS DES RELAIS.	POSTES.

De Flixecourt à Ailly-le-Haut-Clocher..............
Ailly-le-Haut-Clocher à Abbeville..............
Abbeville à Nouvion..............
Nouvion à Bernay..............
Bernay à Nampont..............
Nampont à Montreuil-sur-mer..............
Montreuil-sur-mer à Cormont..............
Cormont à Samer..............
Samer à Boulogne-sur-mer..............
Boulogne-sur-mer à Marquise..............
Marquise au Haut-Buisson..............
Haut-Buisson à Calais*..............
Reims, à Bery-au-Bac..............

COMMUNICATIONS.

D'Abbeville à Calais, par Saint-Omer.

D'Abbeville à Canchy, ...
Canchy à Hesdin..............
Hesdin à Fruges..............
Fruges à Avroult..............
Avroult à Saint-Omer..............
Saint-Omer à la Recousse..............

Le 3.e cheval réciproquement pour 6 mois.

La Recousse à Ardres..............
Ardres à Calais*..............

COMMUNICATIONS.

D'Ardres à Marquise..............

De la Recousse à Gravelines..............

Le 3.e cheval réciproquement pour l'année.

N.° 26.

ROUTE DE PARIS À CARCASSONNE.

Voyez page 147..............

N.° 27.

PARIS À CHAALONS.

De CH

De Gu

	Loges à Sillery	
Sillery	Reims	
Reims	à Bery-au-Bac	
Le 3.e	al réciproquement pour 6 mois.	
Bery-au	Corbeny	
Corben	LAON	
Le 3.e	l réciproquement pour l'année.	
LAON	la Fère	
Le 3.e	al réciproquement pour l'année.	
La Fèr	Cerisy	
Le 3.e	al réciproquement pour 3 mois.	
Cerisy	Saint-Quentin	
Le 3.e	cheval réciproquement pour 6 mois.	

COMMUNICATIONS

De la Fère à Cerisy . . . .
Le 3.e cheval réciproquement pour 6 mois.

Cerisy à Origny . . . .
Le 3.e cheval réciproquement pour . . . . . .

Origny à Guise . . . . 1 et dem.

N.° 26.

De la Fère à Chauny
Chauny à Noyon . . . .

De Chaalons à Troyes, 9 postes un quart.

DE CHAALONS-SUR-MARNE* à Vatry...

Vatry à Mailly...

Mailly à Arcis-sur-Aube...

   Le 3.e cheval réciproquement pour 6 mois.

Arcis-sur-Aube à Voué...

Voué à TROYES*...

   Le 3.e cheval réciproquement pour 6 mois.

DE CHAALONS à LUXEMBOURG, 21 postes 3/4.

De CHAALONS* à Somme-Vesle...

Somme-Vesle à Orbeval...

Orbeval à Sainte-Menehould...   1.

Sainte-Menehould à Clermont-en-Argonne...   2.

   Le 3.e cheval réciproquement pour l'année.

Clermont-en-Argonne à Dombasle...

   Le 3.e cheval réciproquement pour l'année.

Domballe à Verdun...

Verdun à Étain...

Étain à Spincourt...

Spincourt à Longuyon...

   Le 3.e cheval réciproquement pour l'année.

Longuyon à Longwy...

   Le 3.e cheval réciproquement pour l'année.

Longwy à LUXEMBOURG. (*Poste étrangère.*)

N.° 28.

ROUTE DE PARIS À CHAMBÉRY.

De PARIS à LYON (*voy.* page 117).

De Lyon à Chambéry, 14 postes et demie.

De LYON* à Bron...

   Le 3.e cheval pour l'année, sans réciprocité.

NOMS DES RELAIS.	POSTES.

De Bron à Saint-Laurent-des-Mûres.............. I.
Saint-Laurent-des-Mûres à la Verpillière....... 1 et dem
La Verpillière à Bourgoin.................... 1 et dem
Bourgoin à la Tour-du-Pin................... 2.
La Tour-du-Pin au Gaz..................... 1
Gaz au Pont-de-Beauvoisin.................. 1 un qu.
Pont-de-Beauvoisin aux Échelles-de-Savoie.... 2.
 Le 3.ᵉ cheval réciproquement pour l'année.

Échelles-de-Savoie à Saint-Thibault-de-Coux. 1 et dem
 Le 3.ᵉ et le 4.ᵉ cheval réciproquem.ᵗ pour l'année.

Saint-Thibault-de-Coux à CHAMBÉRY........ 1 et dem
 Le 3.ᵉ cheval pour l'année réciproquement.

De CHAMBÉRY à Montmeillant. *(Postes étrangères.)* 2.
 Le 3.ᵉ cheval pour 6 mois.

De Chambéry à Genève, 11 postes trois quarts.

De CHAMBÉRY à Aix.................... 2.
Aix à Albens.......................... 1 et dem.
Albens à Rumilly...................... 1 un qu.
Rumilly à Mionas...................... 1 et dem.
 Le 3.ᵉ cheval pour 6 mois, sans réciprocité.
Mionas à Frangy....................... 1 et dem.
 Le 3.ᵉ cheval pour 6 mois; et pour l'année, de
 Frangy à Mionas.
Frangy au Luiset...................... 2.
 Le 3.ᵉ cheval pour l'année; et pour 6 mois, du
 Luiset à Frangy.
Luiset à GENÈVE...................... 2.

Nota. Le prix de la course et la fixation des distances, d'après
 les lois françaises, sont maintenus avec Genève, tant à l'aller
 qu'au retour.

Postes étrangères.

F 2

POST.	NOMS DES RELAIS.	POSTES.

D'Albens à Genève, 7 postes un...

D'Albens à Annecy.................................. *2 et dem*
Le 3.e cheval réciproquement pour l'année.
Annecy à Cruseilles.....................................
Cruseilles à GENÈVE.................................
Le 3.e cheval pour 6 mois, et pour l'année, de
Genève à Cruseilles.
Montigny à Bourbonne-les-Bains..............
Le 3.e cheval réciproquement pour l'année.
Bourbonne à Ligneville........................... 3.

N.° 29.

ROUTE DE PARIS À CHARTRES. *(Eure-et-Loir.)*

Voyez page 163.

N.° 30.

ROUTE DE PARIS À CHÂTEAUROUX. *(Indre.)*

Voyez page 147.

DE CHÂTEAUROUX À TOURS, 13 p. et demie.

De CHÂTEAUROUX à Buzançois................. *2 et dem*
Le 3.e cheval réciproquement pour l'année.
Buzançois à Châtillon-sur-Indre...............
Le 3.e cheval réciproquement pour l'année.
Châtillon-sur-Indre à Loches...................... 3.
Le 3.e cheval réciproquement pour l'année.
Loches à Cormery................................... *2 et dem.*
Cormery à Tours..................................... *est dem.*

N.°

ROUTE DE PARIS À...

À CHAUMONT-EN-BASSIGNY. *(Haute-Marne.)*

Voyez page 54.

POSTES.	NOMS DES RELAIS.	POSTES.

De *Chaumont à Mirecourt*, 12 postes.

De CHAUMONT à Mandres. . . . . 2.
　Le 3.ᵉ cheval réciproquement pour l'année.
Mandres à Montigny. 2.
　Le 3.ᵉ cheval pour 6 mois, de Montigny.
Montigny à Bourbonne-les-Bains. . . . . 2 et dem
　Le 3.ᵉ cheval réciproquement pour l'année.
Bourbonne à Ligneville. . . . . 3.
　Le 3.ᵉ cheval réciproquement pour l'année.
Ligneville à Mirecourt. . . . . 2 et dem
　Le 3.ᵉ cheval réciproquement pour l'année.

　　　　　　　　—————

De Mandres à Clefmont. . . . . 2 et dem

De *Chaumont à Saint-Dizier*, 9 postes.

De CHAUMONT à Vignory. . . . . 2 et dem
　Le 3.ᵉ cheval réciproquement pour l'année.
Vignory à Joinville. . . . . 2 et dem
　Le 3.ᵉ cheval réciproquement pour l'année.
Joinville à la Neuville. . . . . 2.
La Neuville à Saint-Dizier. . . . . 2.

N.° 32.

ROUTE DE PARIS À CHERBOURG,

44 postes et demie.

De PARIS * à Nanterre. . . . . 1 et dem
Nanterre à Saint-Germain-en-Laye. . . . . 1 et dem
Saint-Germain-en-Laye à Triel. . . . . 1 et dem
Triel à Meulan. . . . . 1.

F 3

POSTE	NOMS DES RELAIS	POSTES.

De Meulan à Mantes.........................

Mantes à Bonnières...........................

Bonnières à Pacy-sur-Eure....................

Pacy à ÉVREUX...............................

ÉVREUX à la Commanderie................. 2 un qu.

La Commanderie à la Rivière-Thibouville..... 2.

La Rivière-Thibouville au Marché-Neuf......

Marché-Neuf à l'Hôtellerie................ 1 trois q.

L'Hôtellerie à Lisieux.................... 1 et dem.

Lisieux à Estréez........................ 2.
 Le 3.e cheval réciproquement pour l'année.

Estréez à Moult.......................... 1 trois q.
 Le 3.e cheval réciproquement pour l'année.

Moult à CAEN.*.......................... 2.

CAEN à Bretteville.......................

Bretteville à Bayeux.....................

Bayeux à Vaubadon.......................

Vaubadon à SAINT-LO....................
 Le 3.e cheval réciproquement pour l'année.

SAINT-LO à Saint-Jean-Day..............
 Le 3.e cheval réciproquement pour l'année.

Saint-Jean-Day à Carentan...............
 Le 3.e cheval réciproquement pour l'année.

Carentan à Sainte-Mère-Église...........

Sainte-Mère-Église à Valognes...........

Valognes à Cherbourg...................
 Le 3.e cheval réciproquement pour l'année.

COMMUNICATIONS

De Bayeux à la Cambe...................

La Cambe à Carentan...................
 Le 3.e ...

POSTES.	NOMS DES RELAIS.	POSTES.
	De SAINT-LO à la Fosse...............................	
	Le 3.e cheval réciproquement pour l'année.	
	La Fosse à Coutances........................	
	Le 3.e cheval réciproquement pour l'année.	
	D'ÉVREUX à	
	Le 3.e cheval réciproquement pour l'année	
	De Louviers à Elbeuf..............................	
	Le 3.e cheval réciproquement pour l'année.	
	Elbeuf à ROUEN*...................................	
	Le 3.e cheval réciproquement pour l'année.	
	DE CARENTAN À LORIENT, 36 postes.	
	De Carentan à Periers............................	
	Le 3.e cheval réciproquement pour l'année.	
	Periers à Coutances............................	
	Le 3.e cheval réciproquement pour l'année.	
	Coutances à Granville...........................	
	Le 3.e cheval réciproquement pour l'année.	
	Granville à Avranches...........................	
	Le 3.e cheval réciproquement pour l'année.	
	Avranches à Pontorson...........................	
	Le 3.e cheval réciproquement pour l'année.	
	Pontorson à Dol.................................	
	Le 3.e cheval réciproquement pour l'année.	
	Dol à Dinan.....................................	
	Le 3.e cheval réciproquement pour l'année.	
	Dinan à Jugon..................................	
	Le 3.e cheval réciproquement pour l'année.	
	Jugon à Lamballe...............................	
	Le 3.e cheval pour l'année.....................	
	Lamballe à Jugon.	

NOMS DES ...	POSTES.

De Lamballe à Moncontour.........................
Moncontour à Pontgand........................ 2 et dem.
    Le 3.e cheval réciproquement pour l'année.
Pontgand à Loudéac......................... 2 et dem.
Loudéac à Pontivy......................... 2 et dem.
Pontivy à Baud...................... | 3. |
    Le 3.e cheval réciproquement pour l'année.
Baud à Hennebon....................... 2 et dem.
    Le 3.e cheval réciproquement pour l'année.
Hennebon à Lorient................... | 1 et dem. |

Nota. Jusqu'à l'achèvement du pont qui traverse la rivière du Scorf, il sera payé, 1 poste trois quarts d'Hennebon à Lorient, et 2 postes de Lorient à Hennebon.

COMMUNICATIONS.

De Dol au faubourg Saint-Servan................ 1 et dem.
    Le 3.e cheval réciproquement pour l'année.

De Dol à Dinan, 4 postes.

De Dol à Saint-Pierre-de-Plesguen.............. 2.
    Le 3.e cheval réciproquement pour 6 mois.
Saint-Pierre-de-Plesguen à Dinan............. 2.
    Le 3.e cheval réciproquement pour l'année.

De Pontivy à Josselin...................... 4 et dem.
    Le 3.e cheval réciproquement pour l'année.

N.° 33.

ROUTE DE PARIS À CLERMONT. *(Puy-de-Dôme.)*

.....48 postes un quart.

De PARIS à MOULINS *(voyez page 119)*... 36 un qu.
MOULINS à Châtel-Neuve................ 2 et dem.
Châtel-Neuve à Saint-Pourçain............ 1 et dem.
    Le 3.e cheval réciproquement pour 6 mois.

POSTES	NOMS DES RELAIS.	POSTES

De Saint-Pourçain au Mayet-d'École. .... 1 un q.
Mayet-d'École à Gannat. ....
Gannat à Aigueperse. ....
Aigueperse à Riom. .... 2.
Riom à CLERMONT. ....

COMMUNICATION

De Gannat à Vichy. .... 3 q.
Le 3.ᵉ cheval réciproquement pour l'année.

DE CLERMONT A LYON, 21 postes et demie.

De CLERMONT à Pont-sur-Allier. .... 1 trois q.
Le 3.ᵉ cheval réciproquement pour 6 mois.

Pont-sur-Allier à Lezoux. .... 1 et dem.
Lezoux à Thiers. .... 1 trois q.
Thiers à la Bergère. .... 1 trois q.
Le 3.ᵉ et le 4.ᵉ cheval réciproquement pour l'année.

La Bergère à Noiretable. .... 1 et dem.
Le 3.ᵉ cheval pour l'année, sans réciprocité.

Noiretable à Saint-Thurien. .... 1 un qu.
Le 3.ᵉ cheval pour l'année, de Saint-Thurien à Noiretable, sans réciprocité.

Saint-Thurien à Boen. ....
Boen à Feurs. .... 2.
Feurs à Saint-Barthélemy-de-l'Estra. ..... 1 et dem.
Le 3.ᵉ cheval pour l'année, sans réciprocité.

Saint-Barthélemy à Fenouilh. .... 1.
Le 3.ᵉ cheval réciproquement pour l'année.

Fenouilh à Duerne. .... 1 et dem.
Le 3.ᵉ cheval réciproquement pour l'année.

Duerne à la Braly. .... 1 et dem.
Le 3.ᵉ cheval réciproquement pour 6 mois, pour
l'année, de la Braly à Duerne.

e la Bra | au Grand-Buisson.................. | 1 *trois.q.*

Le 3.ᵉ | val pour 6 mois

Grand- | isson à LYON*................... |

Le 3.ᵉ | eval réciproquement pour l'année.

De Duer | e à *Montbrison*, 4 postes trois quarts.

De Duern | à Bellegarde...................... | 3 et dem.

Bellega | e à MONTBRISON.................. | 2 un qu.

N.º 34.

DE CLERMONT A LYON,

Par le Pu | et *Saint-Etienne*, 20 postes trois quarts.

	ON à Vayre...............	
Vayre à	ssoire....................	
ssoire	Lempde..................	
Lempd	à la Chaumette...........	
La Cha	mette à Six..............	
Six à	UY.....................	
Puy à	sengeaux................	
ssang	nx à Pont-Salomon.......	
Pont-S	onn à Saint-Etienne.....	
Saint-É	enne à Saint-Chamond....	

eval pour l'année, de Saint-Chamond à Saint-

e.................... |

Saint- | ond à Rive-de-Gier......... |

Le 3. | heval pour l'année, de Rive-de-Gier à Saint-

Ch | ond.

Rive-d | -Gier à Brignais............ | 2 et dem

Brignai | à LYON*................. | 1 et dem

Le 3.ᵉ | cheval réciproquement pour l'année.

POSTES.	NOMS DES RELAIS.	POSTES.

De CLERMONT à Rochefort . . . . *

Le 3.ᵉ et le 4.ᵉ cheval réciproquement pour l'année.

Rochefort au Mont-d'Or . . . . 3.

Le 3.ᵉ et le 4.ᵉ cheval réciproquement pour l'année.

De Saint-Étienne à Andresieux . . . . 2.

Andresieux à MONTBRISON . . . .

Bellegarde à MONTBRISON . . . .

N.° 34.

ROUTE DE PARIS à COLMAR. *(Haut-Rhin.)*

60 postes un quart.

De PARIS à Lunéville (*voyez* page 156).

Lunéville à Ménil-Flin . . . .

Ménil-Flin à Raon-l'Étape . . . .

Raon-l'Étape à Saint-Diey . . . .

Saint-Diey à Gemaingotte . . . .

Gemaingotte à Sainte-Marie-aux-Mines . . . .

Le 3.ᵉ cheval réciproquement pour l'année.

Sainte-Marie-aux-Mines à Schelestat . . . .

Le 3.ᵉ cheval, pour 6 mois, de Sainte-
Marie-aux-Mines, sans réciprocité.

Schelestat à Ostheim . . . .

Ostheim à COLMAR . . . .

COMMUNICATIONS.

De Schelestat à Marckolsheim . . . . 2.

De COLMAR à Neuf-Brisach . . . .

De Neuf-Brisach au Vieux-Brisach. *(Poste étrang.)*

Le 3.ᵉ cheval réciproquement pour l'année.

	NOMS DES RELAIS.	POSTES.

De COLMAR à Meyenheim...................... 2 *un qu.*
Meyenheim à Mulhausen .... 2 *un qu.*

De Mulhausen à Epinal, 14 postes trois quarts.

De Mulhausen à Aspach...................... 2 *un qu.*
Aspach à Orbey............................ 3 *un qu.*
Orbey à Saint-Maurice .... 1 *trois q.*
Le 3.ᵉ cheval réciproquement pour l'année.

Saint-Maurice à la Roche.................. *q.*
La Roche à Remiremont..................... 1 *trois q.*
Remiremont à Pouxeux...................... 1 *et dem.*
Pouxeux à EPINAL .... *et dem.*

N.º 35.

ROUTE DE PARIS À COMPIÈGNE, 9 P. et demie.

De PARIS au Bourget....................... 1 *et dem.*
Bourget à Louvres......................... *dem.*
Louvres à la Chapelle-en-Serval........... *et dem.*
La Chapelle-en-Serval à Senlis 1
Senlis à Villeneuve-sur-Verberie.......... 1 *et dem.*
Villeneuve à la Croix-Saint-Ouen.......... 1 *et dem.*
Le 3.ᵉ cheval pour l'année, de la Croix-Saint-Ouen à
Villeneuve, sans réciprocité.
La Croix-Saint-Ouen à COMPIÈGNE........... 1.

COMMUNICATION.

De Louvres à Mortfontaine................. *et dem.*

De Mortfontaine à Nanteuil...............

ROUTE DE PARIS à DIEPPE

Routes conduisent à Dieppe

L'une par Gisors.

L'autre par Rouen, 22 p. 3 qu. (voy. p. 94).

Par Gisors, 20 postes.

De Paris à Saint-Denis...........	
Saint-Denis à Franconville.......	1 et dem.
Franconville à Pontoise........	1 et dem.
Pontoise à Chars............	2 un qu.
Chars à Gisors............	2.
Gisors à Gournay............	

Le 3.e cheval réciproquement pour l'année.

Gournay à Forges............	2 et dem.
Louvres à la Ch...........	
Forges à Pommereval........	
Pommereval à Bois-Robert........	
Bois-Robert à Dieppe........	

COMMUNICATIONS

De Saint-Denis à Louvres........	2 et dem.
De Forges à Neufchâtel........	
De Pommereval à { Neufchâtel.	
{ la Boissière........	2.

POSTES.	NOMS DES RELAIS.	POSTES.

ROUTE DE PARIS À DIEPPE

Par Rouen, 22 *postes et trois quarts.*

De PARIS à Saint-Denis.		1.
Saint-Denis à Franconville.		
Franconville à Pontoise.		
Pontoise au Bordeau-de-Vigny.		2
Bordeau-de-Vigny à Magny.		
Magny aux Thilliers.		2

Le 3.e cheval pour l'année sans réciproche.

Thilliers à Écouis.		2.
Écouis à Bourg-Baudouin.		
Bourg-Baudouin à la Forge-Féret.		
La Forge-Féret à ROUEN.		

Le 3.e cheval pour l'année, de Rouen à la Forge-Féret sans réciprocité.

ROUEN aux Cambres.		2.
Cambres à Totes.		1 et dem.
Totes à Omonville.		1 et dem.
Omonville à DIEPPE.		

N.° 37.

ROUTE DE PARIS À DIGNE

De PARIS à LYON (*voyez* page 117).		
De Lyon à Digne, 37 *postes.*		
De LYON à Bron.		un qu.

Le 3.e cheval pour l'année, sans réciprocité.

Bron à Saint-Laurent-des-Mûres.		1.

POSTES	NOMS DES RELAIS	POSTES.
De Saint-Laurent-des-Mûres à la Verpillière.		1 et dem.
La Verpillière à Bourgoin.		1 et dem.
Bourgoin à Éclose.		1 et dem.
Le 3.e cheval pour l'année, sans réciprocité.		
Éclose à la Frette.		
La Frette à Rives.		
Rives à Voreppe.		
Le 3.e et le 4.e cheval pour l'année, de Voreppe à Rives, sans réciprocité.		
Voreppe à GRENOBLE.		
GRENOBLE à Vizille.		
Le 3.e cheval réciproquement pour l'année.		
Vizille à la Freyd.		
Le 3.e et le 4.e cheval sans réciprocité pour l'année.		
La Frey à la Mure.		
Le 3.e cheval réciproquement pour l'année.		
La Mure aux Souchons.		
Le 3.e cheval réciproquement pour l'année.		
Souchons à Corps.		1 trois q.
Le 3.e cheval réciproquement pour l'année.		
Corps à la Guinguette de Bayard.		
Le 3.e cheval réciproquement pour l'année.		
La Guinguette à Brutinet.		1 un qu.
Brutinet à GAP.		1 trois q.
Le 3.e et le 4.e cheval réciproquement pour l'année.		
Nota. De Gap à Digne, les postes ne sont pas		
GAP à la Saulce.		1 trois q.
Le 3.e cheval réciproquement pour l'année.		

POSTES	NOMS DES TABLEAUX	POSTES.

De la Saulce à Brignolles,.....

  Le 3.e .....

   Rourebeau à Sisteron..............

Sisteron à Lescale..................

L'Escale aux Grillons..............

  Grillons à DIGNE.......... 1 et dem.

  Le 3.e cheval réciprocquement pour l'année.

COMMUNICATIONS.

De Voreppe à Voiron:................

Voiron à Montferrat:................

  Le 3.e cheval pour l'année, sans réciprocité.

Montferrat à Gaz.......... 1.

  Le 3.e cheval pour l'année, de Gaz à Montferrat.

De Voiron à Rives.................. 1 et dem.

De Voiron à Tullins.................. 1 et dem.

De Voreppe à Valence, 9 postes et demie

De Voreppe à Tullins..........

Tullins à la Laigrerie.....

  Le 3.e cheval pour l'année, avec réciprocité.

La Laigrerie à Saint-Marcellin.............. 1 et dem.

Saint-Marcellin aux Fauris.....

  Le 3.e cheval pour 6 mois ....
  à Saint-Marcellin.

Fauris à Romans:...............

Romans à VALENCE (Drôme):........

De

POSTES.	NOMS DES ...	POSTES.

De Digne à Brignolles. . 12. postes.

Nota. Cette communication ... n'est pas montée.

De DIGNE à Mezel . . . .
Mezel à la Begude-Blanche . . . .
La Begude à Riez . . . .
Riez à Quinson . . . .
Quinson à Barjols . . . .
Barjols à Brignolles . . . .

De Riez à Aix . . 7. postes. . . . .

Nota. Cette communication . . . .

De Riez à Gréoux . . . . 2 et dem.
Gréoux à Saint-Paul . . . .
Saint-Paul à Peyrolles . . . .
Peyrolles à Aix . . . .

N.° 38.

ROUTE DE PARIS À DIJON. *(Côte-d'Or.)*

Quatre Routes conduisent à Dijon :

L'une par Troyes;

L'autre par Joigny et Tonnerre, 38 p. . . .
(*voyez ci-dessous*).

La 3.e par Fontainebleau, 38 p. 3/4 . . . .

La 4.e par Avallon, 38 post. 3/4 . . . .

Par Troyes. 37. postes trois quarts . . . .

De PARIS à Charenton . . . .
Charenton à Villeneuve-Saint-Georges . . . .

De Villen	ve-Saint-Georges à Lieusain.	
Lieusai	à MELUN.	1. trois q.
MELUN	u Châtelet.	1. un qu.
Châtele	à Panfou.	1.
Panfou	Fossard.	trois q.
Fossard	Villeneuve-la-Guiard.	1.
Villene	e-la-Guiard à Pont-sur-Yonne.	1 et dem.
Pont-su	-Yonne à Sens	et dem.
Le 3.e	cheval réciproquement pour 6 mois	
Sens à	illeneuve-sur-Yonne.	trois q.
Villene	ve-sur-Yonne à Villevallier.	
Villeval	er à Joigny.	
Joigny	Esnon.	
Esnon	Saint-Florentin.	et dem.
Saint-F	rentin à Flogny.	et dem.
Flogny	Tonnerre.	trois q.
Tonne	e à Ancy-le-Franc.	2.
Ancy-l	Franc à Aizy-sur-Armançon.	trois q.
Aizy-su	-Armançon à Montbard.	1 et dem.
Montb	d à Villeneuve-les-Couvers.	2 et dem.
Le 3.e	heval réciproquement pour l'année.	
Villene	ve-les-Couvers à Chanceaux.	et dem.
Le 3.e	heval réciproquement pour l'année.	
Chance	ux à Saint-Seine.	et dem.
Le 3.e	heval réciproquement pour l'année.	
Saint-S	ne au Val-de-Suzon.	
Le 3.e	heval pour 6 mois, et pour l'année.	
de-S	zon à Saint-Seine.	
Val-de-	uzon à DIJON.	
Le 3.e	heval pour l'année, sans réciprocité	

COMMUNICATION.
De Sens à Troyes par

De Sens	Maslay-le-Petit.	
Le 3.e	heval réciproquement pour 6 mois.	
Maslay	Villeneuve-sur-Vannes.	
Le 3.e	eval réciproquement pour 6 mois.	

G 2

NOMS DES RELAIS.	POSTES.

De Villeneuve-sur-Vannes à Estissac. . . . . 2 et dem.
Le 3.e cheval réciproquement pour 6 mois.
Estissac à TROYES*. . . . . 3 et dem.

ROUTE DE PARIS À DIJON

Par Fontainebleau, 28 postes trois quarts.

De Paris* à Villojuif. . . . .
Villejuif à Fromenteau. . . . . 1 un qu.
Fromenteau à Essonne. . . . . 1 et dem.
Essonne à Ponthierry. 1
Ponthierry à Chailly. 1
Chailly à Fontainebleau*. . . . . 1 un qu.
Fontainebleau* à Fossard. 1
Fossard à Villeneuve-la-Guiard. 1
Villeneuve-la-Guiard à DIJON (*voy. page 98*). . . . . 27 et dem.

ROUTE DE PARIS À DIJON,

Par Avallon, 38 postes trois quarts.

De PARIS à Joigny (*voyez page 97*). . . . . 17 un qu.
Joigny à Bassou. . . . . 1 et dem.
Bassou à AUXERRE*. 2
Le 3.e cheval réciproquement pour 6 mois.
AUXERRE* à Saint-Bris. 1
Le 3.e cheval réciproquement pour 6 mois.
Saint-Bris à Vermanton. . . . .
Le 3.e cheval réciproquement pour 6 mois.
Vermanton à Lucy-le-Bois. . . . . 2 un qu.
Le 3.e cheval réciproquement pour 6 mois.
Lucy-le-Bois à Avallon. . . . .
Avallon à Rouvray. 2
Le 3.e cheval pour l'année, d'Avallon à Rouvray, et
pour 6 mois, de Rouvray à Avallon.

G 2

NOMS DES RELAIS.	POSTES.

De Rouvray à Maison-Neuve (Côte-d'Or).

Le 3.e cheval pour l'année, de Maison-Neuve à Rouvray, sans réciprocité. ....

Maison-Neuve à Vitteaux. ....

Vitteaux à la Chaleur. ....

Le 3.e et le 4.e cheval pour l'année, sans réciprocité.

La Chaleur au Pont-de-Pany. .... 1 et dem.

Le 3.e cheval pour l'année, du Pont-de-Pany à la Chaleur, sans réciprocité.

Pont-de-Pany à DIJON. .... et dem.

D'Avallon à Époisses. .... 2 et dem.

Époisses à Semur. .... et dem.

DE DIJON À GENÈVE, 24 postes trois quarts.

De DIJON à Genlis. ....

Genlis à Auxonne. .... 1 trois q.

Le 3.e cheval réciproquement pour 6 mois.

Auxonne à Dôle. ....

Dôle à Mont-sous-Vaudrey. .... et dem.

Le 3.e cheval réciproquement pour l'année.

Mont-sous-Vaudrey à Poligny. ....

Poligny à Champagnole. .... 2 et dem.

Le 3.e et le 4.e cheval réciproquement pour l'année.

Champagnole à Maisonneuve (Jura). .... et dem.

Le 3.e cheval réciproquement pour l'année.

Maisonneuve à Saint-Laurent (Jura). .... et dem.

Le 3.e cheval réciproquement pour l'année,
sans réciprocité.

POSTE.	NOMS DES RELAIS.	POSTES.

De Saint-Laurent à Morez. . . . . **1 et dem.**
Le 3.ᵉ cheval réciproquement pour l'année.

Morez aux Rousses . . . . **1 et dem.**
Le 3.ᵉ et le 4.ᵉ cheval pour l'année, sans réciprocité.

Les Rousses. à la Vattay . . . . **1 q.**
Le 3.ᵉ et le 4.ᵉ cheval réciproquement pour l'année.

Nota. Les voyageurs qui se feront conduire des Rousses à Saint-Cergues, relais-étranges, paieront la course au pied d'une poste et demie; il est défendu au maître de poste des Rousses de conduire au-delà de Saint-Cergues, sous péine de destitution.

La Vattay à Gex . . . .
Le 3.ᵉ et le 4.ᵉ cheval pour l'année, de Gex à la Vattay, sans réciprocité.

Gex à GENÈVE. (*Poste étrangère*) . . . .
Le 3.ᵉ chev. pour l'année, de Genève à Gex, sans récip.

Nota. Le prix de la course et la fixation de la distance, d'après les lois françaises, sont maintenu avec Genève, tant à l'aller qu'au retour.

DE DIJON À SEDAN, 37 postes un quart.

De DIJON* à Norges-le-Pont. . . . . **1 et dem.**
Norges-le-Pont à Thil-le-Châtel . . . . **2.**
Thil-le-Châtel à Prauthoy . . . . **2 et dem.**
Prauthoy à Longeau . . . . **1 et dem.**
Longeau à Langres . . . . **1 et dem.**
Langres à Montigny . . . . **2 et dem.**
Le 5.ᵉ cheval réciproquement pour l'année.

Montigny à Clefmont . . . . **1 et dem.**
Clefmont à Saint-Thiébault . . . . **1 et dem.**
Saint-Thiébault à Neufchâteau . . . . **2 et dem.**
Neufchâteau à Domremy . . . . **1 un qu.**
Domremy à Vaucouleurs . . . . **2 un qu.**
Vaucouleurs à Void . . . . **1 et dem.**

G 3

NOMS DES RELAIS.	POSTES.
De Void à Commercy......	
Commercy à Saint-Mihiel......	
Le 3.e cheval réciproquement pour l'année.	
Saint-Mihiel à Troyon......	
Troyon à Verdun......	
Verdun à Samoigneux......	1 ½ dem.
Le 3.e cheval réciproquement pour l'année.	
Samoigneux à Sivry-sur-Meuse......	
Sivry-sur-Meuse à Dun......	1 ½ dem.
Le 3.e cheval réciproquement pour l'année.	
Dun à Stenay......	1 ½ dem.
Le 3.e cheval réciproquement pour l'année.	
Stenay à Mouzon......	
Le 3.e cheval réciproquement pour l'année.	
Mouzon à Sedan......	
Le 3.e cheval réciproquement pour l'année.	

N.º 39.

ROUTE DE PARIS À DRAGUIGNAN.

De Paris à Lyon (voyez pag. 117).	
Lyon à Aix (voyez pag. 124)......	40.

Nota. La route d'Aix à Draguignan se trouve comprise dans celle d'Aix à Nice (voyez page 126).

N.º 40.

ROUTE DE PARIS À DUNKERQUE.

Deux Routes conduisent à Dunkerque;

L'une par Amiens et Saint-Pol,

L'autre par Lille et Bailleul, 38 p. et demie.

	NOMS DES RELAIS.	POSTES.

Par Amiens et Saint-Pol.

De PARIS à AMIENS (*voyez page 48*)........... 18 $\frac{3}{4}$ et dem.

AMIENS* à Talmas.......................

Talmas à Doulens........................

Le $\frac{3}{4}$.e cheval pour 6 mois; de Doulens à Talmas, sans
réciprocité.

Doulens à Frevent.......................

Le $\frac{3}{4}$.e cheval réciproquement pour 6 mois.

Frevent à Saint-Pol...................... 1 $\frac{3}{4}$ et dem.

Le $\frac{3}{4}$.e cheval réciproquement pour 6 mois. · · ·

Saint-Pol à Pernes....................... 1 $\frac{3}{4}$ et dem.

Le $\frac{3}{4}$.e cheval réciproquement pour 6 mois.

Pernes à Lillers........................ 1 $\frac{3}{4}$ et dem.

Le $\frac{3}{4}$.e cheval réciproquement pour 6 mois.

Lillers à Aire.......................... 1 et dem.

Aire à Hazebrouck....................... 1 trois q.

Hazebrouck à Cassel..................... 1 et dem.

Cassel à Bergues....................... 2 et dem.

Bergues à Dunkerque*.................

ROUTE DE PARIS À DUNKERQUE.

Par Lille et Bailleul, 38 postes et demie.

De PARIS à LILLE (*voyez page* 113)........... 29.

LILLE* à Armentières..................

Armentières à Bailleul.................. 1 et dem.

Bailleul à Cassel....................... 2 et dem.

Cassel à Bergues....................... 2 et dem.

Bergues à Dunkerque.................

De Bergues à Rousbrugge. (*Poste étrangère*)... 1 trois q.

G 4

De Dunkerque à Calais, 3 postes.

Dunkerque à Gravelines. . . . . 2 et dem.
Gravelines à Calais. . . . .
Dunkerque à Furnes. (*Poste étrangère.*) . . . . . .
. . . . . . pour l'année. . . . .

N.° 41.

ROUTE DE PARIS À ÉPINAL.

Deux Routes conduisent à Épinal:

L'une par Neufchâteau;
L'autre par Charmes, 50 p. un qu. (v. p. 105)

Par Neufchâteau, 48 postes.

PARIS à Ligny (*voyez* page 156). . . . . 43 et dem.
Ligny à Houdelaincourt. . . . . 2 et dem.
Houdelaincourt à Domremy. . . . . 2 et dem.
Le 3.e cheval réciproquement pour l'année.
Domremy à Neufchâteau. . . . . 1 un qu.
Neufchâteau à Chatenoy. . . . . 1 et dem.
Chatenoy à Mirecourt. . . . .
Mirecourt à Darnieulle. . . . . 2 et dem.
Le 3.e cheval réciproquement pour 6 mois.
Darnieulle à ÉPINAL. . . . . 1 un qu.

Mirecourt à Charmes. . . . .
Le 3.e cheval réciproquement pour l'année.

ROUTE DE PARIS À ÉPINAL.

Par Charmes, 50 postes un quart.

De PARIS à NANCY (*voyez page 156*)	42 un qu.
NANCY * à Flavigny	1 trois q.
Le 3.ᵉ cheval pour l'année, de Flavigny à Nancy.	
Flavigny à Rôville	2 et dis q.
Rôville à Charmes	1 et dem.
Charmes à Igney	2
Igney à ÉPINAL	1 et dem.

COMMUNICATIONS.

De Neufchâteau à Nancy, 6 postes trois quarts.

De Neufchâteau à Martigny	1 et dem.
Martigny à Colombey (Meurthe)	1 et dem.
Colombey à Bainville	2.
Le 3.ᵉ cheval réciproquement pour 6 mois.	
Bainville à NANCY *	1 trois q.
Le 3.ᵉ cheval réciproquement pour l'année.	
De Colombey à Toul	2 et dem.

D'Épinal à Lunéville, 7 postes et demie.

D'ÉPINAL à Girecourt	2.
Girecourt à Rambervillers	1 et dem.
Rambervillers à Moyen	2.
Moyen à Lunéville	2.

N.º 42.

ROUTE DE PARIS À ÉVREUX (*Eure.*)
Voyez page 85 . . . . 13.

N.º 43.

ROUTE DE PARIS À FOIX (*Arriege.*)
90 postes et demie.

De PARIS à TOULOUSE (*voyez page* 147).

Nota. La route de Toulouse . . . .

POSTES	NOMS DES RELAIS.	POSTES.

N.° 44.

ROUTE DE PARIS À FONTAINEBLEAU.

7 postes un quart.

De Paris à Villejuif.	1.
Villejuif à Fromenteau	
Fromenteau à Essonne	1 et dem.
Essonne à Ponthierry	1 un qu.
Ponthierry à Chailly	
Chailly à FONTAINEBLEAU	

De Fromenteau à Berny.

De Ponthierry à MELUN.

N.° 45.

ROUTE DE PARIS À GAP.

De Paris à Lyon (*voyez* pag	
Lyon à Gap (*voyez* page 94).	

N.° 46.

ROUTE DE PARIS À GRENOBLE.

De Paris à Lyon (*voyez* page	
Lyon à Grenoble (*voyez* page 94)	

De Grenoble à Chambéry, 7 postes.

De Grenoble à Lumbin.
Le 3.e cheval réciproquement

De Lumbi à Chapareillan.................... 2 et dem.
   Le 3.ᵉ cheval réciproquement pour l'année.
Chapareillan à CHAMBÉRY
   Le 3.ᵉ cheval pour l'année.
                                 7 postes un quart.

N.° 47.

ROUTE DE PARIS à GUÉRET. (Creuse.)

De PARIS à LIMOGES (voyez page 147)........ 48 trois q.
   LIMOGES* au Mazet................... 1 et dem.
   Le 3.ᵉ cheval réciproquement pour l'année.
   Mazet à Saint-Léonard..................
   Le 3.ᵉ cheval réciproquement pour l'année.
   Saint-Léonard à Sauviat...............
   Le 3.ᵉ cheval réciproquement pour l'année.
   Sauviat à Bourganeuf.................. 1 trois q.
   Le 3.ᵉ cheval réciproquement pour l'année.
   Bourganeuf à Drouille.................. 2
   Le 3.ᵉ cheval réciproquement pour l'année.
   Drouille à GUÉRET.................... q.
   Le 3.ᵉ cheval réciproquement pour l'année.

DE BOURGANEUF À CLERMONT, 1 ¼ trois q.

De Bourganeuf à Pontarion
   Le 3.ᵉ cheval réciproquement pour l'année.
   Pontarion à Charbonnière (voyez page)
   Le 3.ᵉ cheval pour l'année, sans réciprocité.
   Charbonnière à Aubusson............... 2 un qu.
   Le 3.ᵉ cheval réciproquement pour l'année.
   Aubusson au Pouy........... 1 poste.
   Le 3.ᵉ cheval réciproquement pour l'année.
   Pouy à la Villeneuve.................
   Le 3.ᵉ cheval réciproquement pour l'année.

POSTE.	NOMS DES RELAIS.	POSTES.

De la Villenuove à Saint-Avit..............

Baentin à Yvetot, mur l'année, le 3.º cheval réciproquement pour l'année.

Saint-Avit à Pont-au-Mar..............

Aliquerville à Bolbec, le 3.º pour 6 mois ; et pour l'année, de

Pont-au-Mur à Pont-Gibaud..............

La Borte au....., le 3.º et le 4.º cheval réciproquement pour l'année.

Pont-Gibaud à ...., le 3.º cheval pour l'année, du Havre.

Le 3.º et le 4.º cheval réciproquement pour l'année.

N.º 48.

ROUTE DE PARIS AU HAVRE.

Trois Routes conduisent au Havre.

L'une par Pontoise ;

L'autre par le Vaudreuil, 27 p. trois quarts (*voyez* page 109);

La 3.º par Louviers, 27 p. trois quarts (*voyez* page 110).

Par Pontoise, 26 postes un quart.

De PARIS à Saint-Denis..................		1.
Saint-Denis à Franconville............		1 et dem.
Franconville à Pontoise............		1 et dem.
Pontoise au Bordeau-de-Vigny............		1.
Bordeau-de-Vigny à Magny............		1 et dem.
Magny aux Thilliers..................		1.

Le 3.º cheval pour l'année, sans réciprocité.

Thilliers à Écouis..................		1.
Écouis à Bourg-Baudouin..............		q.
Bourg-Baudouin à la Forge-Féret.........		1.
La Forge-Féret à ROUEN..............		1 et dem.

Le 3.º cheval pour l'année, de Rouen à la Forge-Féret, sans réciprocité. (*voyez* ci-dessus).

POSTES	NOMS DES ...	POSTES

De ROUEN* à Barentin.....................
Barentin à Yvetot......................... 2 qu.
Yvetot à Aliquerville..................... idem.
Aliquerville à Bolbec..................... qu.
Bolbec à la Botte......................... idem.
La Botte au Havre......................... 2
  Le 3.e cheval pour l'année, du Havre à la Botte.
  Nota. On s'embarque au Havre pour Honfleur.

COMMUNICATIONS

D'Yvetot à Ypreville.......................... dem.
Ypreville à Fécamp........................ 1 et dem.

D'Yvetot à la Mailleraye...................
  Le 3.e cheval réciproquement pour l'année.
La Mailleraye à Pont-Audemer........... 3.
  Le 3.e cheval réciproquement pour l'année.
Pont-Audemer à Lisieux................... 4.
  Le 3.e cheval réciproquement pour l'année.

ROUTE DE PARIS AU HAVRE,
Par le Vaudreuil, 27 postes trois quarts.

De PARIS* à Nanterre...................... et dem.
Nanterre à Saint-Germain-en-Laye...... et dem.
Saint-Germain-en-Laye à Triel.......... et dem.
Triel à Meulan............................
Meulan à Mantes..........................
Mantes à Bonnières....................... dem.
Bonnières à Vernon....................... dem.
Vernon à Gaillon.........................
Gaillon au Vaudreuil..................... trois q.
Vaudreuil au Port-Saint-Ouen............
Port-Saint-Ouen à ROUEN*............... dem.
ROUEN au Havre (*voyez ci-dessus*)..... dem.

POSTES	NOMS DES RELAIS.	POSTES.

ROUTE DE PARIS AU HAVRE

Par Louviers, 27 postes trois quarts.

De PARIS, à Nanterre.............	1 et dem.
Nanterre à Saint-Germain-en-Laye...	1 et dem.
Saint-Germain-en-Laye à Triel.....	1 et dem.
Triel à Meulan..................	1.
Meulan à Mantes	2.
Mantes à Bonnières.............	1 et dem.
Bonnières à Vernon.............	1 et dem.
Vernon à Gaillon...............	1 trois q.
Gaillon à Louviers.............	2 et dem.
Louviers au Port-Saint-Ouen.....	2.
Port-Saint-Ouen à ROUEN*.......	2 et dem.
ROUEN au Havre (*voyez page 199*)...	10 et dem.

N.º 49.

ROUTE DE PARIS à LAON. (*Aisne.*)

16 postes trois quarts.

De PARIS au Bourget.............	1 et dem.
Bourget au Mesnil-Amelot.......	2.
Mesnil à Dammartin............	1.
Dammartin à Nanteuil..........	1 et dem.
Nanteuil à Levignen...........	1 et dem.
Levignen à Villers-Cotterets...	2.
Villers-Cotterets à Verte-Feuille...	1 et dem.
Verte-Feuille à Soissons *.....	1 et dem.
Soissons * à Vaurains.........	
Le 3.ᵉ cheval réciproquement pour 6 mois.	
Vaurains* à LAON*.............	
Le 3.ᵉ cheval réciproquement pour l'année.	

Laon à Barbançon, 12 postes.

à Marle ....
e LAON
Le 3.^e
éval réciproquement pour l'année.

Marle à eryins. ....

Le 3.e réciproquement pour l'année. .

Vervins la Capelle.........................

Le 3.e c éval réciproquement pour 6 mois.

La Cap le à Avesnes.........................

Le 3.e éval réciproquement pour l'année.

Avesnes à Solre-le-Château.....

Le 3.e c éval pour 6 mois, sans réciproïté.

Solre-le- hâteau à Barbançon .... 2.

Le 3.e éval réciproquement pour l'année.

ROU E DE

e Barban on à Philippeville. *(Poste étrangère.)* .. 2 et dem.

Le 3.e éval pour l'année.

N.° 50.

ROUTE DE PARIS à LAVAL.

LAVAL à TOURS, 17 postes.

Laval à eslay ....

Le 3.e c al réciproquement pour l'année.

NOMS DES RELAIS.	POSTES.
De Meslay à Sablé.	2 et dem.
Le 3.e cheval réciproquement pour l'année.	
Sablé à la Flèche.	3.
Le 3.e cheval réciproquement pour l'année.	
La Flèche au Lude	2 et dem.
Le 3.e cheval réciproquement pour l'année.	
Lude au Château-la-Vallière.	2.
Le 3.e cheval réciproquement pour l'année.	
Château-la-Vallière à la Roue	2.
Le 3.e cheval réciproquement pour 6 mois.	
La Roue à TOURS*	2 et dem.
Le 3.e cheval pour 6 mois, réciproquement,	
COMMUNICATIONS	
Du Lude au Château-du-Loir.	2 et dem.
Le 3.e cheval réciproquement pour l'année.	
———	
De Château-la-Vallière à Baugé.	4.
Baugé à Suette.	2 un qu.
Suette à ANGERS.	2 et dem.

N.° 51.

ROUTE DE PARIS À LILLE. (Nord.)

———

Deux Routes conduisent à Lille:

L'une par Amiens et Arras ;

L'autre par Péronne et Arras, 29 postes.

Par Amiens à Arras ; 29 postes.

Sablé à la Flèche..................... 3.

De PARIS * à Saint-Denis............ 1.

Saint-Denis à Moisselles............ 1.
Moisselles à Beaumont-sur-Oise..... 1. et dem.
Beaumont à Puiseux................. 1.
Puiseux à Noailles.................. 1. et dem.
Noailles à BEAUVAIS................ 1.
BEAUVAIS à Noiremont.............. 1.

Le 3.ᵉ cheval pour l'année, réciprocité.

Noiremont à Bretouil................ 1.
Breteuil à Flers.................... 1. et dem.
Flers à Hébecourt.................. 1.
Hébecourt à AMIENS *............... 1.
AMIENS * à Talmas................. 1.
Talmas à Doulens.................. 1.

Le 3.ᵉ cheval pour 6 mois, de Doulens à Talmas,
sans réciprocité.

Doulens à l'Arbret................. 2.
L'Arbret à ARRAS *................ 2.
ARRAS * à Lens *.................. 2.

Le 3.ᵉ cheval pour l'année, de Lens à Arras, sans
réciprocité.

Lens à Carvin..................... 1. et dem.
Carvin à LILLE.................... un qu.

COMMUNICATIONS

De Beauvais à Ecouis, 6 postes trois quarts.

De BEAUVAIS à la Houssoye.......... 1. trois q.

Le 3.ᵉ cheval réciproquement pour l'année.

NOMS DES RELAIS.	POSTES.
De la Houssoye à Gisors.	2.
Le 3.e cheval réciproquement pour l'année.	
Gisors à Étrépagny.	1 et dem.
Etrépagny à Écouis.	1 et dem.
De la Houssoye à Chars	3 trois q.
De Gisors à Magny	1 et dem.
De BEAUVAIS à Clermont (Oise)	3.
Le 3.e cheval réciproquement pour l'année.	
De LILLE,* à Pont-à-Marcq.	1 et dem.
Pont-à-Marcq à Orchies.	1 et dem.
Orchies à Saint-Amand.	2.

ROUTE DE PARIS À LILLE,
Par Péronne et Arras, 28 postes.

De PARIS * au Bourget.	1 et dem.
Bourget à Louvres.	1 et dem.
Louvres à la Chapelle-en-Serval.	1 et dem.
La Chapelle-en-Serval à Senlis.	1.
Senlis à Pont-Sainte-Maxence.	1 et dem.
Pont-Sainte-Maxence au Bois-de-Lihus.	1 et dem.
Bois-de-Lihus à Gournay-sur-Aronde.	1 un qu.
Gournay-sur-Aronde à Cuvilly.	1.
Cuvilly à Conchy-les-Pots.	1.
Conchy-les-Pots à Roye.	1 et dem.
Roye à Fonches.	1.
Fonches à Marché-le-Pot.	1.
Marché-le-Pot à Péronne.	1 et dem.
Péronne à Sailly	1 et dem.
Sailly à Ervillers.	2.
Ervillers à ARRAS *.	2.
ARRAS * à LILLE (*voyez* page 113)	5 trois q.

NOMS DES RELAIS.	POSTES.

COMMUNICATIONS

De Péronne à Lille, 12 postes un quart.

De Péronne à Fins................................	2.
Fins à Bonavy...................................	1 et dem.
Bonavy à Cambray *.............................	1 et dem.
Cambray * à Bac-Aubencheul...................	1 et dem.
Bac-Aubencheul à Douay *	1 trois q.
Douay * à Pont-à-Marcq.........................	2 et dem.
Pont-à-Marcq à LILLE*..........................	1 et dem.
De Cambray * à Beauvois........................	1 et dem.
Beauvois au Cateau..............................	1 et dem.
Cateau à Landrecy...............................	2.
Le 3.e cheval réciproquement pour l'année.	
Landrecy à Avesnes..............................	2 un qu.
Le 3.e cheval réciproquement pour l'année.	
De Douay * à Orchies...........................	2.
Orchies à Tournay. (Poste étrangère.).........	2.
De Douay * à Lens..............................	2 et dem.
Lens à Béthune.................................	2 un qu.
De Béthune au Waquet..........................	2 et dem.
Waquet à LILLE*...............................	2.
LILLE* à Menin. (Poste étrangère.)..........	2.
De LILLE* à Pont-à-Tressin....................	1 et dem.
Pont-à-Tressin à Tournay. (Poste étrangère.)..	1 trois q.

NOMS DES RELAIS.	POSTES.
De LILLE à Ypres. *(Poste étrangère.)*	4.

N.º 52.

ROUTE DE PARIS À LIMOGES. *(Haute-Vienne.)*

Voyez page 147 .... | 48 trois q.

DE LIMOGES À SAINTES, 30 postes.

De LIMOGES* à la Barre.	2.
Le 3.ᵉ cheval réciproquement pour l'année.	
La Barre à Saint-Junien	1 et dem.
Le 3.ᵉ cheval réciproquement pour l'année.	
Saint-Junien à la Péruse.	3.
Le 3.ᵉ cheval réciproquement pour l'année.	
La Péruse à la Rochefoucauld.	2 trois q.
Le 3.ᵉ cheval réciproquement pour l'année.	
La Rochefoucauld à ANGOULÊME *.	2 et dem.
Le 3.ᵉ cheval réciproquement pour l'année.	
Nota. Il est dû une demi-poste de plus lorsque les voyageurs se font conduire dans la cité.	
ANGOULÊME * à Hiersac.	1 et dem.
Le 3.ᵉ cheval réciproquement pour l'année.	
Hiersac à Jarnac.	2.
Le 3.ᵉ cheval réciproquement pour l'année.	
Jarnac à Cognac	1 et dem.
Le 3.ᵉ cheval réciproquement pour l'année.	
Cognac à Pontreau.	1 trois q.
Le 3.ᵉ cheval réciproquement pour l'année.	
Pontreau à Saintes.	1 et dem.
Le 3.ᵉ cheval réciproquement pour l'année.	

COMMUNICATION.

De la Rochefoucauld à Mansle.	3.

N.° 53.

ROUTE DE PARIS À LONS-LE-SAULNIER. *(Jura.)*

De Paris à Dijon (*voyez* page 97).

De Dijon à Lons-le-Saulnier, 12 postes.

De Dijon à Genlis.	
Genlis à Auxonne	1 *trois q.*
Le 3.ᵉ cheval réciproquement pour 6 mois.	
Auxonne à Dôle.	2.
Dôle à Tassenière.	2 *et dem.*
Tassenière à Mantry.	2.
Mantry à LONS-LE-SAULNIER.	1 *trois q.*
Le 3.ᵉ cheval réciproquement pour l'année.	

N.° 54.

ROUTE DE PARIS À LYON. *(Rhône.)*

Trois Routes conduisent à Lyon :

L'une par Auxerre et Autun ;
L'autre par Nevers et Moulins (*voy.* page 119);
La 3.ᵉ par Troyes et Dijon (*voyez* page 121).
Enfin on peut encore se rendre de Paris à Dijon
par les routes indiquées à la page 97.

Par Auxerre et Autun, 59 postes.

De PARIS* à Charenton	1.
Charenton à Villeneuve-Saint-Georges	1 *un qu*
Villeneuve-Saint-Georges à Lieusain.	1 *trois q*
Lieusain à MELUN.	1 *trois q*

H 3

NOMS DES RELAIS.	POSTES.
De MELUN au Châtelet............................	un qu.
Châtelet à Panfou............................	1.
Panfou à Fossard............................	1 trois q.
Fossard à Villeneuve-la-Guiard............................	1.
Villeneuve-la-Guiard à Pont-sur-Yonne............................	1 et dem.
Pont-sur-Yonne à Sens............................	1 et dem.
Le 3.e cheval réciproquement pour 6 mois.	
Sens à Villeneuve-sur-Yonne............................	1 trois q.
Villeneuve-sur-Yonne à Villevallier............................	
Villevallier à Joigny............................	
Joigny à Bassou............................	1 et dem.
Bassou à AUXERRE*............................	
Le 3.e cheval réciproquement pour 6 mois.	
AUXERRE* à Saint-Bris............................	
Le 3.e cheval réciproquement pour 6 mois.	
Saint-Bris à Vermanton............................	2.
Le 3.e cheval réciproquement pour 6 mois.	
Vermanton à Lucy-le-Bois............................	2 un qu.
Le 3.e cheval réciproquement pour 6 mois.	
Lucy-le-Bois à Avallon............................	
Avallon à Rouvray............................	2.
Le 3.e cheval pour l'année, d'Avallon à Rouvray ; et pour 6 mois, de Rouvray à Avallon.	
Rouvray à la Roche-en-Berny............................	1.
La Roche-en-Berny à Saulieu............................	1 et dem.
Le 3.e cheval réciproquement pour 6 mois.	
Saulieu à Pierre-Écrite............................	1 un qu.
Le 3.e cheval réciproquement pour l'année	
Pierre-Écrite à Chissey............................	1 et dem.
Le 3.e cheval pour l'année, de Chissey à Pierre-Écrite, sans réciprocité.	
Chissey à Autun............................	2 et dem.
Autun à Saint-Émilan............................	2.
Le 3.e cheval pour l'année, d'Autun à Saint-Émilan ; et pour 6 mois, de Saint-Émilan à Autun.	
Saint-Émilan à Saint-Léger............................	1 et dem.
Le 3.e cheval pour l'année, de Saint-Léger à Saint-Émilan, sans réciprocité.	

De Saint-Léger à Bourgneuf.........................	1.
Le 3.e cheval réciproquement pour l'année.	
Bourgneuf à Châlons-sur-Saone.................	1 *et dem.*
Châlons à Senecey...........................	2.
Senecey à Tournus...........................	1 *et dem.*
Le 3.e cheval réciproquement pour 6 mois.	
Tournus à Saint-Albin.......................	2.
Saint-Albin à MÂCON........................	2.
MÂCON à la Maison-Blanche................	2.
La Maison-Blanche à Saint-Georges de Rognains.	1 *trois q.*
Saint-Georges à Anse........................	1 *trois q.*
Anse à Limonest.............................	1 *et dem.*
Le .3.e et le 4.e cheval pour l'année, sans réciprocité.	
Limonest à LYON *..........................	1 *et dem.*
Le 3.e et le 4.e cheval pour l'année, de Lyon à Limonest, sans réciprocité.	

ROUTE DE PARIS À LYON,

Par Nevers et Moulins, 59 postes et demie.

De PARIS* à Villejuif........................	1.
Villejuif à Fromenteau.......................	1 *un qu.*
Fromenteau à Essonne........................	1 *et dem.*
Essonne à Ponthierry........................	1 *un qu.*
Ponthierry à Chailly........................	1.
Chailly à Fontainebleau*.....................	1 *un qu.*
Fontainebleau* à Nemours....................	2.
Nemours à la Croisière.......................	1 *et dem.*
La Croisière à Fontenay......................	1.
Fontenay à Puits-Lalande.....................	1.
Puits-Lalande à Montargis....................	1
Montargis à la Commodité....................	1 *un qu.*
La Commodité à Nogent-sur-Vernisson.......	1.
Nogent-sur-Vernisson à la Bussière..........	1 *et dem.*
La Bussière à Briare.........................	1 *et dem.*
Briare à Neuvy-sur-Loire....................	2.

H 4

NOMS DES RELAIS.	POSTES.
De Neuvy à Cosne.	1 trois q.
Cosne à Pouilly.	1 trois q.
Pouilly à la Charité.	1 et dem.
La Charité à Pougues.	1 et dem.
Pougues à NEVERS.	1 et dem.
NEVERS à Magny.	1 et dem.
Magny à Saint-Pierre-le-Moutier.	1 et dem.
Saint-Pierre-le-Moutier à Saint-Imbert.	1 un qu.
Saint-Imbert à Villeneuve-sur-Allier.	1 et dem.
Villeneuve-sur-Allier à MOULINS.	1 et dem.
MOULINS à Bessay.	2.
Bessay à Varennes.	2.
Varennes à Saint-Gérand-le-Puy.	1 et dem.
Saint-Gérand-le-Puy à la Palisse.	1 un qu.
Le 3.e cheval pour l'année, de la Palisse à Saint-Gérand, sans réciprocité.	
La Palisse à Droiturier.	1 un qu.
Le 3.e cheval pour l'année, sans réciprocité.	
Droiturier à Saint-Martin-d'Estréaux.	1.
Le 3.e cheval réciproquement pour l'année.	
Saint-Martin-d'Estréaux à la Pacaudière.	1.
Le 3.e cheval pour l'année, de la Pacaudière à Saint-Martin-d'Estréaux, sans réciprocité.	
La Pacaudière à Saint-Germain-l'Espinasse.	1 et dem.
Le 3.e cheval réciproquement pour l'année.	
Saint-Germain-l'Espinasse à Roanne.	1 et dem.
Roanne à Saint-Symphorien-de-Lay.	2.
Le 3.e cheval réciproquement pour l'année.	
Saint-Symphorien à Pain-Bouchain.	1 et dem.
Le 3.e cheval pour l'année, sans réciprocité.	
Pain-Bouchain à Tarare.	1 et dem.
Le 3.e cheval pour l'année, de Tarare à Pain-Bouchain, sans réciprocité.	
Tarare aux Arnas.	1 et dem.

Des Annas à Salvagny........................ 2.
Le 3.f cheval réciproquement pour l'année.
Salvagny à LYON*......................... 1 trois q.
Le 3.ᵉ et le 4.ᵉ cheval pour l'année, de Lyon à Salvagny.

COMMUNICATIONS

De la Charité à Coupois.................... 2 et dem.
Le 3.ᵉ cheval réciproquement pour l'année.
Coupois à BOURGES....................... 3 un qu.
Le 3.ᵉ cheval réciproquement pour l'année.

De Moulins à Autun, 12 postes.

De MOULINS à Chérame-le-Roi .... 2.
Chérame à Bourbon-Lancy................ 2 et dem.
Le 3.ᵉ cheval réciproquement pour l'année.
Bourbon-Lancy à Luzy................... 3.
Le 3.ᵉ cheval réciproquement pour l'année.
Luzy à la Maison-de-Bourgogne............ 2.
Le 3.ᵉ cheval réciproquement pour l'année.
La Maison-de-Bourgogne à Autun........... 2 et dem.

De Saint-Gérand-le-Puy à Vichy............ 3.
Le 3.ᵉ et le 4.ᵉ cheval réciproquement pour l'année.

De la Palisse à Vichy....................... 3 et dem.
Le 3.ᵉ cheval réciproquement pour l'année.

ROUTE DE PARIS à LYON,

Par Troyes et Dijon, 62 postes et demie.

De PARIS* à Charenton.................... 1.
Charenton à Grosbois.................... 1 et dem.
Grosbois à Brie-Comte-Robert............. 1.
Brie-Comte-Robert à Guignes............. 2.
Guignes à Mormant....................... 1.
Mormant à Nangis....................... 1 et dem.

De Nangis à la Maison-Rouge (Seine-et-Marne)	1 et dem.
La Maison-Rouge à Provins	1 et dem.
Provins à Nogent-sur-Seine	2.
Nogent-sur-Seine à Pont-sur-Seine	1,
Pont-sur-Seine aux Granges	1 et dem.
Granges aux Grez	1 trois q.
Le 5.e cheval réciproquement pour 6 mois.	
Grez à TROYES*	2 un qu.
TROYES* à Saint-Parre-les-Vaudes	2 un qu.
Saint-Parre-les-Vaudes à Bar-sur-Seine	1 et dem.
Bar-sur-Seine à Mussy-sur-Seine	2 et dem.
Mussy-sur-Seine à Châtillon-sur-Seine	2.
Châtillon-sur-Seine à Saint-Marc	2 et dem.
Le 5.e cheval réciproquement pour l'année.	
Saint-Marc à Ampilly	1.
Le 3.e cheval pour six mois, sans réciprocité.	
Ampilly à Chanceaux	1 trois q.
Le 3.e cheval pour l'année, de Chanceaux à Ampilly, sans réciprocité.	
Chanceaux à Saint-Seine	1 et dem.
Le 5.e cheval réciproquement pour l'année.	
Saint-Seine au Val-de-Suzon	1 un qu.
Le 3.e cheval pour 6 mois; et pour l'année, du Val-de-Suzon à Saint-Seine.	
Val-de-Suzon à DIJON*	2.
Le 3.e cheval pour l'année, sans réciprocité.	
DIJON* à la Baraque	1 et dem.
La Baraque à Nuits	1 et dem.
Nuits à Beaune	1 trois q.
Beaune à Chagny	2.
Chagny à Châlons-sur-Saone	2.
Châlons à Senecey	2.
Senecey à Tournus	1 et dem.
Le 3.e cheval réciproquement pour 6 mois.	
Tournus à Saint-Albin	2.
Saint-Albin à MÂCON	2.

POSTES.	NOMS DES RELAIS.	POSTES.
De MÂCON à La Maison-Blanche.............		2.
La Maison-Blanche à Saint-Georges-de-Rognains.		1 trois q.
Saint-Georges à Anse......................		1 trois q.
Anse à Limonest.......................		1 et dem.
Le 3.e et le 4.e cheval pour l'année, sans réciprocité.		
Limonest à LYON *....................		1 et dem.
Le 3.e et le 4.e cheval pour l'année, de Lyon à Limonest, sans réciprocité.		

DE LYON À BESANÇON, 20 POSTES.

De LYON * à Miribel......................		1 et dem.
Le 3.e cheval réciproquement pour l'année.		
Miribel à Mont-Luel....................		1 et dem.
Mont-Luel à Meximieux..................		1 trois q.
Meximieux à Bublanne..................		1 et dem.
Bublanne au Pont-d'Ain................		1 et dem.
Pont-d'Ain à BOURG....................		2 et dem.
BOURG à Saint-Étienne-du-Bois..........		1 et dem.
Le 3.e cheval réciproquement pour l'année.		
Saint-Étienne-du-Bois à Saint-Amour........		2.
Le 3.e cheval réciproquement pour l'année.		
Saint-Amour à Beaufort.................		2 et dem.
Le 3.e cheval réciproquement pour l'année.		
Beaufort à LONS-LE-SAULNIER...........		2.
LONS-LE-SAULNIER à Mantry.............		1 trois q.
Le 3.e cheval réciproquement pour l'année.		
Mantry à Poligny......................		1 trois q.
Poligny à Arbois......................		1 un qu.
Le 3.e cheval réciproquement pour l'année.		
Arbois à Mouchard....................		1.
Mouchard à Quingey...................		2.
Quingey à Busy......................		1 et dem.
Le 3.e cheval réciproquement pour 6 mois.		
Busy à BESANÇON....................		1 et dem.
Le 3.e cheval réciproquement pour l'année.		

N.º 55.

ROUTE DE PARIS À MÂCON. *(Saone-et-Loire.)*

Voyez page 117 . . . .

N.º 56.

ROUTE DE PARIS AU MANS. *(Sarte.)*

Voyez page 141 . . . .

N.º 57.

ROUTE DE PARIS À MARSEILLE. *(B.-du-Rhô.)*

DE PARIS à LYON (*voyez* pag. 117).

De Lyon à Marseille, 43 postes et demie.

De LYON* à Saint-Fons	1.
Saint-Fons à Saint-Symphorien-d'Ozon	1.
Le 3.º et le 4.º cheval réciproquement pour l'année.	
Saint-Symphorien-d'Ozon à Vienne* (Isère)	1 et dem.
Le 3.º et le 4.º cheval réciproquement pour l'année.	
Vienne à Auberive	2.
Le 3.º cheval réciproquement pour l'année.	
Auberive au Péage-de-Roussillon	1.
Le 3.º cheval réciproquement pour 6 mois.	
Péage-de-Roussillon à Saint-Rambert	1 et dem.
Saint-Rambert à Saint-Vallier	1 et dem.
Saint-Vallier à Tain	1 trois q.
Tain à VALENCE (Drôme)	2 et dem.
Le 3.º cheval réciproquement pour 6 mois.	
VALENCE à la Paillasse	1 et dem.
La Paillasse à Loriol	1 et dem.

POST	NOMS DES RELAIS.	POSTES.
De Loriol à Derbières........................		1 et dem.
Derbières à Montelimart...................		1 et dem.
Montelimart à Donzère.....................		2.
Le 3.e cheval réciproquement pour l'année.		
Donzère à la Palud........................		2.
Le 3.e cheval pour l'année, de la Palud à Donzère.		
La Palud à Mornas........................		1 et dem.
Le 3.e cheval réciproquement pour l'année.		
Mornas à Orange.........................		1 et dem.

Nota. Les courriers qui se feront conduire d'Orange, de Sorgues, d'Avignon ou de Saint-Andiol, à Vaucluse, paieront aux deux premiers relais sur le pied de trois postes, au troisieme sur le pied de trois postes et demie, au quatrieme deux postes et demie.

Orange à Sorgues.........................		2.
Le 3.e cheval réciproquement pour l'année.		
Sorgues à AVIGNON.......................		1 et dem.
AVIGNON à Saint-Andiol :		2.
Saint-Andiol à Orgon.....................		1 un qu.
Orgon au Pont-Royal......................		2.
Pont-Royal à Saint-Canat.................		2.
Le 3.e cheval pour l'année, sans réciprocité.		
Saint-Canat à Aix*.......................		2.
Le 3.e cheval réciproquement pour l'année.		
Aix* au Pin..............................		2.
Pin à MARSEILLE.........................		2.

DE MARSEILLE À TOULON.

De MARSEILLE* à Aubagne................		2.
Aubagne à Cujes.........................		1 et dem
Cujes au Beausset.......................		2.
Le 3.e cheval réciproquement pour l'année.		
Beausset à Toulon*......................		2.
Le 3.e cheval pour 6 mois, de Toulon au Beausset, sans réciprocité.		

D'AIX À NICE, 26. postes et demie.

D'Aix* à la Galinière.	½ et dem.
La Galinière à la Grande-Pugère.	1 trois q.
La Grande-Pugère à Tourves.	2 et dem.
Le 3. cheval réciproquement pour l'année.	

Le 3.e cheval réciproquement pour l'année.

Tourves à Brignolles.	1 et dem.

Le 3.e cheval réciproquement pour 6 mois.

Brignolles à Flassans.	1 trois q.

Le 3.e cheval réciproquement pour l'année.

Nota. Indépendamment de la demi-poste de rafraîchissement autorisée par l'article 9 des réglemens, il sera payé trois postes pour la distance de Brignolles au Luc, jusqu'au rétablissement du relais de Flassans.

Flassans au Luc	1.

Le 3.e cheval réciproquement pour l'année.

Luc à Vidauban.	1 trois q.

Le 3.e cheval réciproquement pour l'année.

Nota. Le Maître de poste de Vidauban conduit à DRAGUIGNAN.

Vidauban au Muy.	1 trois q.

Le 3.e cheval réciproquement pour l'année.

Muy à Fréjus.	2.

Le 3.e cheval réciproquement pour l'année.

Fréjus à Lestrelles.	2.

Le 3.e et le 4.e cheval réciproquement pour l'année.

Lestrelles à Cannes	3.

Le 3.e cheval réciproquement pour l'année.

Cannes à Antibes.	2.

Le 3.e cheval réciproquement pour l'année,

Antibes à NICE. (*Poste étrangère.*).	4.

Le 3.e cheval pour l'année.

N.º 58.

ROUTE DE PARIS À MELUN. (*Seine-et-Marne.*)

Voyez page 117 . . . . 5 et dem.

NOMS DES RELAIS.	POSTES.

DE MELUN à ORLÉANS, 13 postes.

De MELUN à Fontainebleau *	2.
Fontainebleau * à la Chapelle................	2.
La Chapelle à Malesherbes...................	1 et dem.
Malesherbes à Pithiviers....................	2 un qu.
Pithiviers à Chilleurs-aux-Bois..............	1 trois q.
Le 3.ᵉ cheval réciproquement pour l'année.	
Chilleurs à Loury.........................	1.
Le 3.ᵉ cheval réciproquement pour l'année.	
Loury à ORLÉANS *.......................	2.
Le 3.ᵉ cheval réciproquement pour l'année.	

COMMUNICATION

De Pithiviers à Toury.....................	2.

N.º 59.

ROUTE DE PARIS À MENDE. (Lozère.)

69 postes.

De PARIS à MOULINS (voyez page 119)........	36 un qu.
MOULINS à CLERMONT (voyez page 88)......	11 trois q.
CLERMONT à Vayre.......................	1 trois q.
Vayre à Issoire..........................	2 un qu.
Issoire à Lempde.........................	2 un qu.
Lempde à la Baraque......................	3.
Le 3.ᵉ cheval réciproquement pour l'année.	
La Baraque à Saint-Flour..................	2 un qu.
Le 3.ᵉ cheval réciproquement pour l'année.	
Nota. Le surplus de la route n'est pas monté.	
Saint-Flour à la Bessière-de-Lair............	2.
La Bessière à Saint-Chely.................	2.
Saint-Chely à Serverette..................	2.
Serverette à Rieutort.....................	1 et dem.
Rieutort à MENDE.	2.

N.º 60.

ROUTE DE PARIS À METZ. (Moselle.)

39. postes et demie.

De PARIS* à Bondy.............................	1 et dem.
Bondy à Claye.............................	2.
Claye à Meaux.............................	2.
Meaux à Saint-Jean-les-Deux-Jumeaux.........	1 et dem.
S.t-Jean-les-Deux-Jumeaux à la Ferté-sous-Jouarre.	1.
La Ferté-sous-Jouarre à la Ferme-de-Paris......	2.
La Ferme-de-Paris à Château-Thierry..........	1 et dem.
Château-Thierry à Paroy.....................	1.
Paroy à Dormans...........................	1 et dem.
Dormans au Port-à-Binson...................	1.
Port-à-Binson à Épernay.....................	2.
Épernay à Jaalons..........................	2.
Le 3.e cheval réciproquement pour l'année.	
Jaalons à CHAALONS-SUR-MARNE*..........	2.
CHAALONS* à Somme-Vesle.................	2.
Somme-Vesle à Orbeval.....................	2.
Orbeval à Sainte-Menehould.................	1.
Sainte-Menehould à Clermont-en-Argonne.....	2.
Le 3.e cheval réciproquement pour l'année.	
Clermont-en-Argonne à Domballe............	1 un qu.
Le 3.e cheval réciproquement pour l'année.	
Domballe à Verdun.........................	2.
Verdun à Manheule.........................	2.
Le 3.e cheval réciproquement pour 6 mois.	
Manheule à Harville........................	1 un qu.

De

De Harville à Mars-la-Tour....................	1 et dem.
Mars-la-Tour à Gravelotte,...................	1 un qu.
Gravelotte à METZ...........................	2 un qu.

Le 3.e cheval pour 6 mois, de Metz à Gravelotte, sans réciprocité.

COMMUNICATIONS.

De Paris à Coulommiers, 7 postes trois quarts.

De PARIS* à Neuilly-sur-Marne...............	2.
Neuilly à Pomponne.........................	1 et dem.
Pomponne à Couilly.........................	1 et dem.
Couilly à Coulommiers.......................	2 trois q.

De Coulommiers à la Ferté-Gaucher...........	2.

De Meaux à Dammartin......................	2.

De Meaux à Couilly..........................	1.
Couilly à Fontenay..........................	2 et dem.
Fontenay à Guignes..........................	1.
Guignes à MELUN............................	2.

De la Ferté-sous-Jouarre à Chaalons, 11 p. trois q.

De la Ferté-sous-Jouarre à Bussière...........	1 et dem.
Bussière à Vieux-Maisons....................	1 et dem.
Vieux-Maisons à Montmirail..................	1 et dem.
Montmirail à Fromentières...................	1 et dem.
Fromentières à Étoges.......................	1 et dem.
Étoges à Chaintrix..........................	2.

Le 3.e cheval réciproquement pour l'année.

Chaintrix à CHAALONS*......................	2 un qu.

Le 3.e cheval réciproquement pour l'année.

De Saint-Avold à Phalsbourg, 7 postes.

De Saint-Avold à Puttelange.................	2.

Le 3.e cheval réciproquement pour 6 mois.

I

NOMS DES RELAIS.	POSTES.
De Puttelange à Bouquenom.	2.
Le 3.e cheval réciproquement pour 6 mois.	
Bouquenom à Druling	1 et dem.
Druling à Phalsbourg.	1 et dem.
De Puttelange à Deux-Ponts, 10 postes.	
De Puttelange à Sarreguemines.	1 et dem.
Sarreguemines à Rorbach (Moselle).	2.
Le 3.e cheval réciproquement pour l'année.	
Rorbach à Bitche.	2.
Bitche à Eschweiler.	1 et dem.
Le 3.e cheval réciproquement pour l'année.	
Eschweiler à Deux-Ponts. *(Poste étrangère.)* . . .	2.
De Puttelange à Altrof.	2.
De Bouquenom à Sarreguemines.	2 et dem.
Sarreguemines à Sarrebruck.	2.
Le 3.e cheval réciproquement pour l'année.	
De Sarreguemines à Longwy, 15 postes.	
De Sarreguemines à Forbach.	2.
Le 3.e cheval réciproquement pour l'année.	
Forbach à Sarrelouis. *(Poste étrangère.)*	2 et dem.
Le 3.e cheval réciproquement pour l'année.	
Sarrelouis à Bouzonville	2.
Bouzonville à Thionville.	3 et dem.
Le 3.e cheval réciproquement pour l'année.	
Thionville à Fontoy.	2.

NOMS DES RELAIS.	POSTES.
De Fontoy à Aumetz......................'..........	1.
Aumetz à Longwy.......................	2 et dem.
Le 3.e cheval réciproquement pour l'année...	
De METZ* à Mondelange...................	2 un qu.
Mondelange à Thionville...................	1 et dem.
Thionville à Frisange. (Poste étrangère.)......	2.
De Mondelange à Fontoy...................	2.
Le 3.e cheval réciproquement pour l'année.	
De Metz à Rorbach, 11 postes un quart.	
De METZ* à Courcelles-Chaussy............	2 et dem.
Le 3.e cheval réciproquement pour 6 mois.	
Courcelles à Fouligny...................	1.
Fouligny à Saint-Avold...................	2.
Saint-Avold à Forbach...................	2 un qu.
Forbach à Sarrebruck...................	1 et dem.
Le 3.e cheval réciproquement pour l'année.	
Sarrebruck à Rorbach (Sarre). (Poste étrang.).	2.
De Metz à Sarrelouis, 6 postes trois quarts.	
De METZ* aux Étangs...................	2.
Le 3.e cheval réciproquement pour 6 mois.	
Les Étangs à Bonlay...................	1 un qu.
Le 3.e cheval réciproquement pour l'année.	
Bonlay à Téterchen...................	1 un qu.
Le 3.e cheval réciproquement pour l'année.	
Téterchen à Sarrelouis. (Poste étrangère.).....	2 un qu.
Le 3.e cheval de Sarrelouis à Téterchen, sans réciprocité.	

NOMS DES RELAIS	POSTES.

N.º 61.

ROUTE DE PARIS-à MÉZIÈRES. (Ardennes.)

29 postes et demie.

De PARIS* au Bourget....................	1 et dem.
Bourget au Mesnil-Amelot.............	2.
Mesnil à Dammartin...................	1.
Dammartin à Nanteuil.................	1 et dem.
Nanteuil à Levignen..................	1 et dem.
Levignen à Villers-Cotterets........	2.
Villers-Cotterets à Verte-Feuille......	1 et dem.
Verte-Feuille à Soissons*,..........	1 et dem.
Soissons* à Braine-sur-Vesle........	2 un qu.
Braine à Fismes.....................	1 et dem.
Fismes à Jonchery...................	1 un qu.
Jonchery à Reims*...................	2.
Reims* à Isle.......................	2.
Isle à Rethel.......................	2 et dem.
Le 3.ᵉ cheval réciproquement pour l'année.	
Rethel à Launoy.....................	3.
Le 3.ᵉ cheval réciproquement pour l'année.	
Launoy à MÉZIÈRES*.................	2 et dem.
Le 3.ᵉ cheval réciproquement pour l'année.	

COMMUNICATION.

De Soissons* à Oulchy-le-Château....	2 et dem.
Le 3.ᵉ cheval réciproquement pour l'année.	
Oulchy-le-Château à Château-Thierry...	2 un qu.

NOMS DES RELAIS.	POSTES.
De Reims à Stenay, 11 postes trois quarts.	
De Reims* à Isle..........................	2.
Isle à Hauvre.............................	2 *trois q*
Le 3.ᵉ cheval réciproquement pour l'année.	
Pauvre à Vouziers.........................	2.
Le 3.ᵉ cheval pour 6 mois ; et pour l'année, de Vouziers à Pauvre.	
Vouziers à Boult-aux-Bois..................	1 *et dem*
Le 3.ᵉ cheval réciproquement pour l'année.	
Boult-aux-Bois à Buzancy..................	1.
Buzancy à Stenay.........................	2 *et dem*
Le 3.ᵉ cheval réciproquement pour l'année.	
De Rethel à Pauvre.......................	2.
De Mézières à Givet, 8 postes un quart.	
De MÉZIÈRES * à Lonny....................	1 *et dem*
Le 3.ᵉ cheval réciproquement pour 6 mois.	
Lonny à Rocroy...........................	2.
Le 3.ᵉ cheval réciproquement pour l'année.	
Rocroy à Fumay...........................	2.
Le 3.ᵉ cheval réciproquement pour l'année.	
Fumay à Givet............................	2 *trois q*
Le 3.ᵉ cheval réciproquement pour 6 mois.	
De Givet à Dinant. (*Poste étrangère.*)......	2 *et dem*
Le 3.ᵉ cheval pour l'année.	
De Givet à Philippeville. (*Poste étrangère*).....	2 *et dem*
Le 3.ᵉ cheval pour l'année.	
De Mézières à Luxembourg, 17 postes trois quarts.	
De MÉZIÈRES* à Sedan....................	2 *trois q*
Sedan à Mouzon..........................	2.
Le 3.ᵉ cheval réciproquement pour l'année.	

De Mouzon à Stenay..................	
Le 3.ᵉ cheval réciproquement pour l'année.	
Stenay à Montmédy...................	
Le 3.ᵉ cheval réciproquement pour 6 mois.	
Montmédy à Longuyon................	3.
Le 3.ᵉ cheval réciproquement pour l'année.	
Longuyon à Longwy..................	2
Le 3.ᵉ cheval réciproquement pour l'année.	
Longwy à LUXEMBOURG. (*Poste étrangère.*)	4 et dem.
De Sedan à Carignan................	2 un qu.
Carignan à Montmédi................	2 trois q.

N.º 62.

ROUTE DE PARIS à MONTAUBAN. (*T.-et-Gar.*)

Voyez page 147........................   84 *un qu.*

N.º 63.

ROUTE DE PARIS à MONTBRISON. (*Loire.*)

61 postes un quart.

De PARIS à Roanne (*voyez* page 119).....	49 *un qu.*
Roanne à Villemontois...............	1 et dem.
Villemontois à Saint-Just-en-Chevalet........	2.
Le 3.ᵉ cheval réciproquement pour l'année.	
Saint-Just-en-Chevalet à la Bergère........	2.
Le 3.ᵉ cheval réciproquement pour l'année.	
La Bergère à Noiretable..............	1 et dem.
Le 3.ᵉ cheval pour l'année, sans réciprocité.	
Noiretable à Saint-Thurien............	
Le 3.ᵉ cheval pour l'année, de Saint-Thurien à Noi-retable, sans réciprocité.	

NOMS DES RELAIS.	POSTES.
De Saint-Thurien à Boen	2.
Boen à MONTBRISON.	2.
Le 3.e cheval réciproquement pour l'année.	
COMMUNICATIONS	
De la Bergère à Clermont, 6 postes trois quarts.	
De la Bergère à Thiers.	1 trois q.
Le 3.e cheval réciproquement pour l'année.	
Thiers à Lezoux	1 trois q.
Lezoux à Pont-sur-Allier	1 et dem.
Pont-sur-Allier à CLERMONT............	1 trois q.
Le 3.e cheval réciproquement pour 6 mois.	
De MONTBRISON à Feurs................	2.

N.º 64.

ROUTE DE PARIS à MONT-DE-MARSAN. *(Land.)*

De PARIS à BORDEAUX (*voyez* pag. 61).	
BORDEAUX à MONT-DE-MARSAN (*voyez* pag. 52).	18 et dem.

N.º 65.

ROUTE DE PARIS à MONTPELLIER. *(Hér.)*

De PARIS à LYON (*voyez* page 117).	
De Lyon à Montpellier, 41 postes.	
De LYON à la Palud (*voyez* page 124).	
La Palud au Pont-Saint-Esprit	
Le 3.e cheval réciproquement pour 6 mois.	

De Pont-Saint-Esprit à Bagnols..................	1 trois q.
Le 3.e cheval réciproquement pour l'année.	
Bagnols à Connaux..................	1 et dem.
Le 3.e cheval réciproquement pour l'année.	
Connaux à Valiguières..................	1 trois q.
Le 3.e cheval réciproquement pour l'année.	
Valiguières à la Foux..................	1 et dem.
Le 3.e cheval pour l'année, de la Foux à Valiguières, sans réciprocité.	
La Foux à Saint-Gervasy..................	1 et dem.
Le 3.e cheval réciproquement pour l'année.	
Saint-Gervasy à NISMES..................	1 et dem.
NISMES à Uchau..................	1 trois q.
Uchau à Lunel..................	1 trois q.
Lunel à Colombières..................	1 et dem.
Colombières à MONTPELLIER..................	1 trois q.

COMMUNICATIONS

Du Pont-Saint-Esprit à Mornas..................	1 et dem.
De la Foux à Tarascon..................	3.
Le 3.e cheval pour l'année, avec réciprocité.	
Tarascon à Saint-Remy..................	
Saint-Remy à Orgon..................	
De Saint-Remy à Saint-Andiol..................	2 et dem.
De Tarascon à Curbussot..................	
Le 3e cheval réciproquement pour l'année.	
Curbussot à NISMES..................	1 et dem.

	NOMS DES...	POSTES.

DE MONTPELLIER À NARBONNE, 12 p. et d.

De MONTPELLIER. à Fabrègues.........................	1 et dem.
Fabrègues à Gigean............................	1.
Gigean à Mèze........................	1 et dem.
Le 3.ᶜ cheval réciproquement pour l'année.	
Mèze à Pézenas......................	2 un qu.
Le 3.ᶜ cheval réciproquement pour l'année.	
Pézenas à la Begude-de-Jordy............	1 un qu.
La Begude-de-Jordy à Béziers.............	1 trois q.
Le 3.ᶜ cheval réciproquement pour l'année.	
Béziers à Nissan........................	1 un qu.

Nota. Le 3.ᶜ cheval est dû de Nissan à Béziers, lorsqu'au lieu de s'arrêter à la station, on se fait conduire en ville.

| Nissan à Narbonne.................. | 2 |
| Le 3.ᶜ cheval réciproquement pour l'année. | |

N.° 66.

ROUTE DE PARIS À MOULINS. *(Allier.)*

| Voyez page 119................................ | 36 un qu. |

DE MOULINS À GUÉRET, 16 postes et demie.

De MOULINS à Souvigny.......................	1 et dem.
Souvigny à la Pierre-Percée..................	1.
Le 3.ᶜ cheval réciproquement pour 6 mois.	
La Pierre-Percée au Montet-aux-Moines......	1 un qu.
Le 3.ᶜ cheval pour l'année, sans réciprocité.	
Montet-aux-Moines à Mont-Marault...........	1 et dem.
Mont-Marault à Doyet....................	1 et dem.
Doyet à Mont-Luçon......................	2
Le 3.ᶜ cheval pour l'année, de Mont-Luçon à Doyet, sans réciprocité.	

De Mont-Luçon à Lamayd.............................. | *Trais q.*
  Le 3.ᵉ cheval pour 6 mois sans réciprocité.
Lamayd à Gouzon.....................................
  Le 3.ᵉ cheval réciproquement pour 6 mois.
Gouzon à Feuillat....................................... | *trais q.*
  Le 3.ᵉ cheval réciproquement pour 6 mois.
Feuillat à GUÉRET...................................... | *trais q.*
  Le 3.ᵉ cheval réciproquement pour l'année.

N.º 67.

ROUTES DE PARIS À NANCY. *(Meurthe.)*

Par Chaalons (voyez page 156).............. | 42 *un qu.*

Par Brienne, 41 postes.

De PARIS* à Charenton..............................	
Charenton à Grosbois...................	1 *et dem.*
Grosbois à Brie-Comte-Robert................	1.
Brie-Comte-Robert à Guignes.............	2.
Guignes à Mormant...................	1.
Mormant à Nangis....................	1 *et dem.*
Nangis à la Maison-Rouge (Seine-et-Marne)...	1 *et dem.*
La Maison-Rouge à Provins..............	1 *et dem.*
Provins à Nogent-sur-Seine...............	2.
Nogent-sur-Seine à Pont-sur-Seine........	1.
Pont-sur-Seine aux Granges..............	1 *et dem.*
Granges à Mery-sur-Seine...............	1 *et dem.*
Mery à Arcis-sur-Aube.................	2 *un qu.*
Arcis-sur-Aube à Coclois...............	2.
Coclois à Brienne...................	2.

NOMS DES RELAIS.	POSTES.
De Brienne à Tremilly................................	2 et dem.
Tremilly à Dommartin-le-Saint-Père................	1 et dem.
Dommartin à Joinville...............................	1 et dem.
Le 3.e cheval pour l'année, avec réciprocité.	
Joinville à Saudron................................	2.
Le 3.e cheval pour l'année, sans réciprocité.	
Saudron à Houdelaincourt..........................	1 trois q.
Houdelaincourt à Vaucouleurs......................	2.
Le 3.e cheval réciprocement pour l'année.	
Vaucouleurs à Toul................................	2 et dem.
Le 3.e cheval réciprocement pour l'année.	
Toul à Velaine.....................................	1 et dem.
Velaine à NANCY*.................................	1 et dem.
Le 3.e cheval réciprocement pour l'année.	

COMMUNICATIONS

De Dommartin à Colombey-les-Deux-Églises.......	3.
De Brienne à Bar-sur-Aube.........................	2 et dem.
De Toul à Rozières-en-Haye........................	
Rozières-en-Haye à Pont-à-Mousson...............	
De Pont-à-Mousson à Beaumont.....................	1 et dem.
Le 3.e cheval pour 6 mois, sans réciprocité.	
De Nancy à Metz, 7 postes un quart.	
De NANCY* à Belleville............................	
Le 3.e cheval réciprocement pour 6 mois.	

POꝒ.	NOMS DES PRELAIS.	POSTES.
De Belleville à Pont-à-Mousson........................		1 et dem.
Le 3.e cheval pour 6 mois, sans réciprocité.		
Pont-à-Mousson à Voisage........................		1 et dem.
Le 3.e cheval réciproquement pour l'année.		
Voisage à METZ*........................		2 un qu.
Le 3.e cheval réciproquement pour 6 mois.		
De Nancy à Phalsbourg, 10 postes et demie.		
De NANCY* à Champenoux........................		1 et dem.
Champenoux à Moyenvic........................		2
Le 3.e cheval réciproquement pour l'année.		
Moyenvic à Dieuze........................		1 et dem.
Dieuze à Loudrefing........................		1 et dem.
Loudrefing à Fénestrange........................		1 et dem.
Fénestrange à Phalsbourg........................		2 et dem.
De Fénestrange à Bouquenom........................		1 et dem.
Bouquenom à Rorbach. *(Möselle.)*........................		2.
De Phalsbourg à Beinheim, 8 postes un quart.		
De Phalsbourg à Saverne........................		1 et dem.
Le 3.e cheval pour l'année, de Saverne à Phalsbourg, sans réciprocité.		
Saverne à Hochfeld........................		1 trois q.
Hochfeld à Haguenau........................		2.
Haguenau à Beinheim........................		3.
De Haguenau à Nider-Bronn........................		2.
Le 3.e cheval réciproquement pour l'année.		

NOMS DES RELAIS.	POSTES.

De Nider-Bronn à Bitche...
Le 3.ᵉ cheval réciproquement pour l'année.

N.° 68.

ROUTE DE PARIS À NANTES. *(Loire-Infér.)*

Deux Routes conduisent à Nantes.

L'une par le Mans; ....
L'autre par Tours; 54 p. un quart (*voy.*) R.

Par le Mans, 47 postes trois quarts.

De PARIS à VERSAILLES*............

Nota. La distance de Paris à Versailles, aller et retour, est fixée à trois postes un quart, y compris la poste royale.

VERSAILLES* à Coignières................	2.
Coignières à Rambouillet..............	1 trois q.
Rambouillet à Épernon...............	1 et dem.
Épernon à Maintenon.................	1.
Maintenon à CHARTRES.................	2 un qu.
CHARTRES à Courville..............	2 un qu.
Courville à Montlandon..............	2.
Montlandon à Nogent-le-Rotrou......	2 et dem.
Nogent-le-Rotrou à la Ferté-Bernard.	2 et dem.

Le 3.ᵉ cheval réciproquement pour l'année.

La Ferté-Bernard à Conneré. ......   2 un qu.
Le 3.ᵉ cheval réciproquement pour l'année.

Conneré à Saint-Mars-la-Bruyère. ...   1 un qu.
Le 3.ᵉ cheval réciproquement pour l'année.

Saint-Mars-la-Bruyère au MANS....   1 trois q.
MANS au Guesselard..................   2.
Le 3.ᵉ cheval réciproquement pour 6 mois.

De Guesselard à Foulletourte........	1.
Foulletourte à la Flèche............	2 et dem.
Le 3.e cheval réciproquement pour l'année.	
La Flèche à Durtal................	1 et dem.
Le 3.e cheval pour l'année, de Durtal à la Flèche, sans réciprocité.	
Durtal à Suette...................	2.
Suette à ANGERS..................	2 et dem.
ANGERS à Saint-Georges...........	2 un qu.
Saint-Georges à Champtocé........	1.
Champtocé à Varades.............	1 et dem.
Le 3.e cheval réciproquement pour l'année.	
Varades à Ancenis................	1 trois q.
Le 3.e cheval réciproquement pour 6 mois.	
Ancenis à Oudon.................	1 un qu.
Le 3.e cheval réciproquement pour l'année.	
Oudon à la Sailleraye.............	1 trois q.
Le 3.e cheval réciproquement pour l'année.	
La Sailleraye à NANTES...........	1 et dem.
Le 3.e cheval réciproquement pour l'année.	

COMMUNICATIONS

De Maintenon à Dreux..............	3.
Du Mans à Laval, 8 postes trois quarts.	
Du MANS à Coulans...............	1 trois q.
Le 3.e cheval réciproquement pour l'année.	
Coulans à Saint-Denis d'Orques......	2 et dem.
Le 3.e cheval réciproquement pour l'année.	
Saint-Denis à Vaiges...............	2.
Le 3.e cheval réciproquement pour l'année.	
Vaiges à LAVAL,..................	2 et dem.
Le 3.e cheval réciproquement pour l'année.	

De la Flèche à Baugé............................	2.
Baugé à Longué................................	2.
Longué à Saumur...............................	2.

ROUTE DE PARIS à NANTES,

Par Tours, 54 postes un quart.

De PARIS à TOURS (voyez page 61)............	29 un qu.
TOURS* à Luynes..............................	1 et dem.
Luynes à Langeais.............................	1 et dem.
Langeais aux Trois-Volets.....................	1 et dem.
Trois-Volets à Chouzé.........................	1 et dem.
Chouzé à la Croix-Verte.......................	2 un qu.

Nota. Il est dû une demi-poste de plus que la fixation, par les courriers qui se feront conduire à Saumur, soit de Chouzé, soit des Rosiers et de Longué, ou qui partiront de cette commune.

La Croix-Verte aux Rosiers....................	2.
Rosiers au Port-la-Vallée......................	1 un qu.
Port-la-Vallée à ANGERS*.....................	2 et dem.
ANGERS à NANTES (voyez page 142).........	11.

DE NANTES à RENNES, 14 postes.

De NANTES* à Gesvres........................	1 et dem.
Le 3.e cheval réciproquement pour l'année.	
Gesvres à la Croix-Blanche....................	1 et dem.
La Croix-Blanche à Nozay.....................	2.
Le 3.e cheval réciproquement pour 6 mois.	
Nozay à Derval...............................	1 et dem.
Derval à la Breharaye.........................	1 et dem.
La Breharaye à Roudun........................	2.
Roudun au Bout-de-Lande.....................	2.
Bout-de-Lande à RENNES......................	2.
Le 3.e cheval réciproquement pour 6 mois.	

N.º 69.

ROUTE DE PARIS À NEVERS. *(Nièvre.)*

Voyez page 119 . . . . 29.

N.º 70.

ROUTE DE PARIS À NIORT. *(Deux-Sèvres.)*

53 postes trois quarts.

De PARIS à Croutelle (*voyez* page 61)	45 *un qu.*
Croutelle à Lusignan	2 *et dem.*
Le 3.ᵉ cheval réciproquement pour l'année.	
Lusignan à la Villedieu-du-Perron	1 *et dem.*
La Villedieu-du-Perron à Saint-Maixent.	2.
Le 3.ᵉ cheval pour l'année, de Saint-Maixent à la Villedieu-du-Perron, sans réciprocité.	
Saint-Maixent à la Crèche	1.
La Crèche à NIORT.	1 *et dem.*
Le 3.ᵉ cheval réciproquement pour l'année.	

COMMUNICATIONS

De NIORT à Oulme	2 *et dem.*
Le 3.ᵉ cheval réciproquement pour l'année.	
Oulme à Fontenay (Vendée).	1 *et dem.*
Le 3.ᵉ cheval réciproquement pour 6 mois.	

De Niort à Saintes, 8 postes trois quarts.

De NIORT à Villeneuve (Charente-Inférieure) . . .	3.
Villeneuve à Saint-Jean-d'Angely	2 *et dem.*

De

NOMS DES RELAIS.	POSTES.
De Saint-Jean-d'Angely à Saint-Hilaire............	1 un qu.
Saint-Hilaire à Saintes	2.
Le 3.ᵉ cheval réciproquement pour l'année.	

N.º 71.

ROUTE DE PARIS à NISMES. (Gard.)

De PARIS à LYON (voyez page 117).	
LYON à la Palud (voyez page 124)............	13 trois q.
La Palud à NISMES (voyez page 135).........	10 trois q.

COMMUNICATION

De Nismes à Avignon, 7 postes trois quarts.

De NISMES* à Saint-Gervasy.................	1 et dem.
Saint-Gervasy à la Foux....................	1 et dem.
Le 3.ᵉ cheval réciproquement pour l'année.	
La Foux à la Bégude-de-Saze................	2 et dem.
Le 3.ᵉ cheval réciproquement pour l'année.	
La Bégude-de-Saze à AVIGNON..............	2 un qu.
Le 3.ᵉ cheval réciproquement pour l'année.	

Nota. Les courriers qui se feront conduire d'Avignon à Vaucluse, paieront sur le pied de trois postes.

N.º 72.

ROUTE DE PARIS à ORLÉANS. (Loiret.)

Voyez page 61	14 trois q.

N.º 73.

ROUTE DE PARIS à PAU. (Basses-Pyrénées.)

De PARIS à BORDEAUX (voyez page 61).

K

NOMS DES RELAIS.	POSTES.
De Bordeaux à Pau, 16 postes.	
De BORDEAUX à Roquefort (*voyez* page 54)	15 *et dem.*
Roquefort à Villeneuve-de-Marsan..........	2.
Le 3.e et le 4.e cheval réciproquement pour l'année, de Roquefort à Aire, pendant la vacance du relais de Villeneuve-de-Marsan.	
Villeneuve-de-Marsan à Aire..............	2 *et dem.*
Le 3.e cheval réciproquement pour l'année.	
Aire à Auriac.....................	3 *un qu.*
Le 3.e cheval réciproquement pour l'année.	
Auriac à Navailles...................	1.
Le 3.e cheval réciproquement pour l'année.	
Navailles à PAU.....................	1 *trois q.*
COMMUNICATIONS	
D'Aire à Tarbes, 9 postes.	
D'Aire à Plaisance (Gers)................	3 *et dem.*
Plaisance à Vic-en-Bigorre..............	3 *et dem.*
Le 3.e cheval réciproquement pour l'année.	
Vic-en-Bigorre à Tarbes...............	2.
De TARBES à Bagnères...............	2 *et dem.*
Le 3.e cheval réciproquement pour l'année.	
De Bagnères à Lourdes...............	3.
Le 3.e cheval réciproquement pour l'année.	
De Pau à Barréges, 10 postes et demie.	
De PAU à Lestelle...................	3.
Lestelle à Lourdes..................	2.
Lourdes à Pierrefitte................	2 *et dem.*
Le 3.e cheval pour l'année, sans réciprocité.	
Pierrefitte à Luz...................	2.
Le 3.e et le 4.e cheval réciproquement pour l'année.	
Luz à Barréges	1.
Le 3.e et le 4.e cheval réciproquement pour l'année.	
De Luz à Saint-Sauveur...............	*un qu.*

N.º 74.

ROUTE DE PARIS à PÉRIGUEUX. *(Dordogne.)*

60 postes trois quarts.

De PARIS à LIMOGES (*voyez* le numéro suivant) . .	48 trois q.
LIMOGES à PÉRIGUEUX (*voyez* page 64)	12.

N.º 75.

ROUTE DE PARIS à PERPIGNAN. *(Pyr.-Orient.)*

Trois Routes conduisent à Perpignan :

L'une par Orléans ;

L'autre par Bourges, 119 postes et demie (*voyez* pag. 150) ;

La troisième par Lyon, 120 postes un quart (*voyez* pag. 151).

Par Orléans, 118 postes et demie.

De PARIS* à Berny.	1 et dem.
Berny à Lonjumeau.	1.
Lonjumeau à Arpajon.	1 et dem.
Arpajon à Étrechy	1 et dem.
Étrechy à Étampes.	1.
Étampes à Mondesir.	1.
Mondesir à Angerville.	1 un qu.
Angerville à Toury.	1 trois q.
Toury à Artenay.	1 et dem.
Artenay à Chevilly.	1.
Chevilly à ORLÉANS *.	1 trois q.
ORLÉANS* à la Ferté-Saint-Aubin*.	2 et dem.
Le 3.ᵉ cheval réciproquement pour l'année.	
La Ferté-Saint-Aubin à la Motte-Beuvron.	2.
Le 3.ᵉ cheval réciproquement pour l'année.	

NOMS DES RELAIS.	POSTES.
la Motte-Beuvron à Nouan-le-Fuzelier........	1.
Le 3.e cheval réciproquement pour l'année.	
Nouan à Salbris,........................	2.
Le 3.e cheval réciproquement pour l'année.	
Salbris à la Loge,......................	1 et dem.
Le 3.e cheval réciproquement pour l'année.	
La Loge à Vierzon......................	2.
Le 3.e cheval réciproquement pour l'année.	
Vierzon à Massay........................	1 et un qu.
Le 3.e cheval réciproquement pour l'année.	
Massay à Vatan........................	2.
Le 3.e cheval réciproquement pour l'année.	
Vatan à l'Épine-Fauveau.................	1 et dem.
Le 3.e cheval réciproquement pour l'année.	
L'Épine-Fauveau à CHÂTEAUROUX............	2.
Le 3.e cheval réciproquement pour l'année.	
CHÂTEAUROUX à Lottier..................	1.
Lottier à Argenton....................	1 trois q.
Le 3.e cheval réciproquement pour l'année.	
Argenton au Fay......................	2.
Le 3.e cheval pour l'année, sans réciprocité.	
Fay à la Ville-au-Brun.................	2 et dem.
Le 3.e cheval réciproquement pour l'année.	
La Ville-au-Brun à Morterol.............	2 et dem.
Le 3.e cheval réciproquement pour l'année.	
Morterol à Chanteloube.................	2.
Le 3.e cheval réciproquement pour l'année.	
Chanteloube à la Maison-Rouge (H.te-Vienne).	2.
Le 3.e cheval réciproquement pour l'année.	
La Maison-Rouge à LIMOGES*.............	1 et dem.
Le 3.e cheval réciproquement pour l'année.	
LIMOGES* à Pierre-Buffière,.............	2.
Le 3.e cheval réciproquement pour l'année.	
Pierre-Buffière à Magnac...............	1 et dem.
Le 3.e cheval réciproquement pour l'année.	
Magnac à Masseré......................	1 et dem.
Le 3.e cheval réciproquement pour l'année.	

De Masseré à Uzerche.............................	2.
Le 3.ᶜ cheval réciproquement pour l'année.	
Uzerche à Saint-Pardoux......................	2.
Le 3.ᶜ cheval réciproquement pour l'année.	
Saint-Pardoux à Donzenac.....................	1 et dem.
Le 3.ᶜ cheval réciproquement pour l'année.	
Donzenac à Brives..............................	1 et dem.
Le 3.ᶜ et le 4.ᶜ cheval réciproquement pour l'année.	
Brives à Cressensac...........................	2 et dem.
Le 3.ᶜ et le 4.ᶜ cheval réciproquement pour l'année.	
Cressensac à Souillac..........................	2.
Le 3.ᶜ cheval réciproquement pour l'année.	

Nota. Le Maître de poste de Souillac est autorisé à faire mettre une paire de bœufs sur toutes les voitures à quatre roues qu'il conduit, soit à Peyrac, soit à Cressensac, laquelle lui sera payée 3 francs, compris le pour-boire du bouvier.

Souillac à Peyrac..............................	2 et dem.
Le 3.ᶜ cheval réciproquement pour l'année.	

Nota Il est dû deux postes trois quarts réciproquement de Souillac à Peyrac, à cause du passage du bac jusqu'à l'entière confection du pont.

Peyrac au Pont-de-Rodes......................	2 trois q
Le 3.ᶜ cheval réciproquement pour l'année.	
Pont-de-Rodes à Pélacoy......................	2 trois q
Le 3.ᶜ cheval réciproquement pour l'année.	
Pélacoy à CAHORS.............................	2 un qu.
Le 3.ᶜ cheval réciproquement pour l'année.	
CAHORS à la Madeleine........................	3.
Le 3.ᶜ cheval réciproquement pour l'année.	
La Madeleine à Caussade.......................	2.
Le 3.ᶜ cheval réciproquement pour l'année.	
Caussade à MONTAUBAN* (Tarn-et-Garonne).	2 trois q
Le 3.ᶜ cheval réciproquement pour l'année.	
MONTAUBAN* à Grizolles......................	2 et dem
Le 3.ᶜ cheval réciproquement pour l'année.	
Grizolles à Saint-Jory.........................	1 et dem
Saint-Jory à TOULOUSE*........................	2 un qu
TOULOUSE* à Cassanet.........................	1 et dem

Baziege a Villefranche...................	1 et dem.
Villefranche à Castelnaudary..............	2 et dem.
Le 3.° cheval réciproquement pour l'année.	
Castelnaudary à Villepinte...............	1 et dem.
Le 3.° cheval réciproquement pour 6 mois.	
Villepinte à Alzonne....................	1.
Alzonne à CARCASSONNE................	2 un qu.
CARCASSONNE à Barbeirac	2.
Le 3.° cheval réciproquement pour 6 mois.	
Barbeirac à Moux	1 et dem.
Moux à Cruscades.....................	2.
Cruscades à Narbonne	2 un qu.
Narbonne à Sigean	2 et dem.
Le 3.° cheval réciproquement pour l'année.	
Sigean à Fitou.......................	2.
Le 3.° cheval réciproquement pour l'année.	
Fitou à Salces.......................	1.
Le 3.° cheval réciproquement pour l'année.	
Salces à PERPIGNAN...................	2.

COMMUNICATIONS

De PERPIGNAN au Boulou...............	3.
Le 3.° cheval réciproquement pour l'année.	
Boulou à la Jonquière. (*Poste étrangère.*)...	3.
Le 3.° cheval pour l'année.	
De PERPIGNAN à Elne.................	1 et dem.
Elne à Collioure.....................	1 et dem.
Collioure au Port-Vendre..............	1.

Nota. La communication de Perpignan à Port - Vendre n'est pas montée.

ROUTE DE PARIS à PERPIGNAN,

Par Bourges, 119 postes et demie.

De PARIS à Nogent-sur-Vernisson (*voyez pag. 119*).	16 trois q.

De Nogent à BOURGES (*voyez* pag. 70).........	11.
BOURGES à Saint-Florent.................	2.
Le 3.e cheval réciproquement pour 6 mois.	
Saint-Florent à Issoudun.................	2.
Le 3.e cheval réciproquement pour l'année.	
Issoudun à CHÂTEAUROUX.................	3 *et qu.*
Le 3.e cheval réciproquement pour l'année.	
CHÂTEAUROUX à PERPIGNAN (*voyez* pag. 148).	84 *et dem.*

COMMUNICATION.

D'Issoudun à Massay....................	3.
Le 3.e cheval réciproquement pour l'année.	

ROUTE DE PARIS À PERPIGNAN,
Par Lyon, 120 postes un quart.

De PARIS à LYON (*voyez* page 117)..........	59 *et dem.*
LYON à La Palud (*voyez* pag. 124)..........	23 *trois q.*
La Palud à MONTPELLIER (*voyez* pag. 135).....	17.
MONTPELLIER à Narbonne (*voyez* pag. 137)....	12 *et dem.*
Narbonne à PERPIGNAN (*voyez* pag. 150)......	7 *et dem.*

N.º 76.

ROUTE DE PARIS À PLOMBIÈRES,
51 postes et demie.

De PARIS à Ligny (*voyez* page 156)..........	33 *et dem.*
Ligny à ÉPINAL (*voyez* page 104)..........	14 *et dem.*
ÉPINAL à Xertigny....................	2.
Le 3.e cheval réciproquement pour l'année.	
Xertigny à Plombières..................	1 *et dem.*
Le 3.e cheval pour l'année ; et de Plombières à Xertigny, sur toutes les voitures indistinctement.	

COMMUNICATION

De Plombières à Remiremont..............	2.
Le 3.e cheval réciproquement pour l'année ; et sur toutes les voitures à deux chevaux indistinctement, de Plombières à Remiremont.	

K 4

NOMS DES RELAIS.	POSTES.

N.º 77.

ROUTES DE PARIS à POITIERS. *(Vienne.)*

Par Orléans (voyez page 61) . . . . 44 *un qu.*

Par Chartres, 44 postes.

De PARIS à TOURS (*voyez* page 163) . . . . 29.
TOURS à POITIERS (*voyez* page 62) . . . . 15.

N.º 78.

ROUTE DE PARIS à PRIVAS. *(Ardèche.)*

De PARIS à LYON (*voy.* page 117).
LYON à VALENCE (*voy.* page 124) . . . . trois *q.*

Nota. De Valence à Privas, la route n'est pas montée.

N.º 79.

ROUTE DE PARIS AU PUY. *(Haute-Loire.)*

62 postes.

De PARIS à MOULINS (*voyez* page 119) . . . . 36 *un qu.*
MOULINS à CLERMONT (*voyez* page 88) . . . . . . 11 *et dem.*
CLERMONT au PUY (*voyez* page 90) . . . . 14 *un qu.*

N.º 80.

ROUTE DE PARIS à QUIMPER. *(Finistère.)*

66 postes.

De PARIS à Mayenne (*voyez* page 70)

NOMS DES RELAIS.	POSTES.
De Mayenne à Ploermel (*voyez* page 168)......	18.
Ploermel à Josselin....................	1 et dem.
Le 3.ᵉ cheval pour l'année, sans réciprocité.	
Josselin à Lomine....................	3.
Le 3.ᵉ cheval réciproquement pour l'année.	
Lomine à Baud......................	2.
Le 3.ᵉ cheval réciproquement pour l'année.	
Baud à Hennebon....................	2 et dem.
Le 3.ᵉ cheval réciproquement pour l'année.	
Hennebon à Quimperlé................	2 et dem.
Le 3.ᵉ cheval réciproquement pour 6 mois.	
Quimperlé à Rosporden...............	3.
Le 3.ᵉ cheval réciproquement pour l'année.	
Rosporden à QUIMPER.................	2 et dem.
Le 3.ᵉ cheval réciproquement pour l'année.	

COMMUNICATIONS

De Landevan au Port-Louis..............	2 un qu.
D'Hennebon au Port-Louis..............	1 et dem.
De Lorient à Quimperlé................	2 et dem.
Le 3.ᵉ cheval réciproquement pour l'année.	

N.ᵒ 81.

ROUTE DE PARIS À RAMBOUILLET.

De PARIS* à VERSAILLES*..............	2 un qu.

Nota. La distance de Paris à Versailles, aller et retour, est fixée à trois postes un quart, y compris la poste royale.

VERSAILLES * à Coignières.............	2.
Coignières à RAMBOUILLET............	1 trois q.

NOMS DES RELAIS.	POSTES.
COMMUNICATION	
De VERSAILLES* à Pontchartrain............	2 et dem.
Pontchartrain à RAMBOUILLET...........	2.

N.° 82.

ROUTES DE PARIS à RENNES. *(Ille-et-Vilaine.)*

Par Alençon (*voyez* page 70)............. | 44 et dem.

Par Fougères, 41. postes et demie.

De PARIS à Mayenne (*voyez* page 70)............ | 31.
Mayenne à RENNES (*voyez* page 168)........... | 10 et dem.

COMMUNICATIONS

De Rennes à Dol, 6 postes.

De RENNES* à Hédé.................... | 2 et dem.
Le 3.ᵉ cheval réciproquement pour l'année.

Hédé à Combourg................... | 1 et dem.
Le 3.ᵉ cheval réciproquement pour 6 mois.

Combourg à Dol.................... | 2.
Le 3.ᵉ cheval réciproquement pour 6 mois.

D'Hédé à Saint-Malo, 5 postes et demie.

D'Hédé à Saint-Pierre-de-Plesguen........ | 2 et dem.
Le 3.ᵉ cheval réciproquement pour 6 mois.

S.ᵗ-Pierre-de-Plesguen à Châteauneuf (Ille-et-Vil.). | 1 et dem.
Le 3.ᵉ cheval réciproquement pour 6 mois.

Châteauneuf à Saint-Malo............. | 1 et dem.
Et pendant la hauteur de la marée, 2 postes.
Le 3.ᵉ cheval réciproquement pour l'année.

NOMS DES RELAIS.	POSTES.
De Châteauneuf à Dinan...................	2.
Le 3.e cheval réciproquement pour l'année.	

N.º 83.

ROUTE DE PARIS À ROCHEFORT,
61 postes trois quarts.

De PARIS à Croutelle (*voyez* page 61)...........	45 un qu
Croutelle à NIORT (*voyez* page 144).........	8 et dem
NIORT à Frontenay........................	1 et dem
Le 3.e cheval réciproquement pour l'année.	
Frontenay à Mauzé........................	1 et dem
Le 3.e cheval réciproquement pour l'année.	
Mauzé à Surgères.........................	1 et dem
Le 3.e cheval réciproquement pour l'année.	
Surgères à Muron.........................	1 et dem
Muron à Rochefort*.......................	2.
Le 3.e cheval réciproquement pour l'année.	

N.º 84.

ROUTE DE PARIS À LA ROCHELLE. (*Ch.-Inf.*)
62 postes.

De PARIS à Croutelle (*voyez* page 61).........	45 un qu
Croutelle à NIORT (*voyez* page 144).........	8 et dem
NIORT à Frontenay........................	1 et dem
Le 3.e cheval réciproquement pour l'année.	
Frontenay à Mauzé........................	1 et dem
Le 3.e cheval réciproquement pour l'année.	
Mauzé à la Laigne........................	1.
Le 3.e cheval réciproquement pour l'année.	
La Laigne à Nuaillé.......................	1 trois q
Le 3.e cheval réciproquement pour 6 mois.	
Nuaillé à Grolaud........................	1 et dem
Grolaud à LA ROCHELLE...................	1.
Le 3.e cheval pour 6 mois, de la Rochelle à Grolaud, sans réciproc té.	

NOMS DES RELAIS.	POSTES.

N.º 85.

ROUTES DE PARIS à ROUEN. *(Seine-Inférieure.)*

Par Pontoise (*voyez* page 108)................ 15 trois q.
Par Meulan (*voyez* page 109)................ 17 un qu.

N.º 86.

ROUTE DE PARIS à SAINT-BRIEUX. *(C.-du-N.)*

Voyez page 70............................ 57 et dem.

N.º 87.

ROUTE DE PARIS à SAINT-LO. *(Manche.)*

Voyez page 85 .... 35 un qu.

N.º 88.

ROUTE DE PARIS à STRASBOURG. *(Bas-Rhin)*

Deux Routes conduisent à Strasbourg :

L'une par Nancy ;
L'autre par Metz, 60 post. (*voy. pag.* 159).

Par Nancy, 59 postes trois quarts.

De PARIS* à Bondy........................	1 et dem.
Bondy à Claye...........................	2.
Claye à Meaux...........................	2.
Meaux à Saint-Jean-les-Deux-Jumeaux........	1 et dem.
S.t-Jean-les-Deux-Jumeaux à la Ferté-sous-Jouarre.	1.
La Ferté-sous-Jouarre à la Ferme-de-Paris.....	2.

NOMS DES RELAIS.	POSTES.
De la Ferme-de-Paris à Château-Thierry.	1 *et dem.*
Château-Thierry à Paroy.	1.
Paroy à Dormans.	1 *et dem.*
Dormans au Port-à-Binson.	1.
Port-à-Binson à Épernay.	2.
Épernay à Jaalons.	2.
Le 3.ᵉ cheval réciproquement pour l'année.	
Jaalons à CHAALONS-SUR-MARNE.*	2.
CHAALONS* à la Chaussée.	2.
La Chaussée à Vitry-sur-Marne.	2.
Vitry-sur-Marne à Longchamp.	2.
Longchamp à Saint-Dizier.	1 *et dem.*
Saint-Dizier à Saudrupt.	1 *et dem.*
Le 3.ᵉ cheval réciproquement pour l'année.	
Saudrupt à BAR-LE-DUC.	1 *et dem.*
Le 3.ᵉ cheval réciproquement pour l'année.	
BAR-LE-DUC à Ligny.	2.
Ligny à Saint-Aubin.	1.
Le 3.ᵉ cheval réciproquement pour l'année.	
Saint-Aubin à Void.	1 *trois q.*
Void à Laye.	1 *et dem.*
Laye à Toul.	1 *et dem.*
Le 3.ᵉ cheval pour l'année, de Toul à Laye, sans réciprocité.	
Toul à Velaine.	1 *et dem.*
Velaine à NANCY*.	1 *et dem.*
Le 3.ᵉ cheval réciproquement pour l'année.	
NANCY* à Domballe.	2.
Domballe à Lunéville.	1 *et dem.*
Lunéville à Bénaménil.	1 *trois q.*
Bénaménil à Blamont.	2.
Blamont à Heming.	2.
Le 3.ᵉ cheval réciproquement pour l'année.	
Heming à Sarrebourg.	1.
Sarrebourg à Hommarting.	1.
Hommarting à Phalsbourg.	1.

NOMS DES RELAIS.	POSTES.
De Phalsbourg à Saverne...............	1 *et dem.*
Le 3.e cheval pour l'année, de Saverne à Phalsbourg, sans réciprocité.	
Saverne à Wasselonne...............	1 *trois q.*
Le 3.e cheval réciproquement pour l'année.	
Wasselonne à Ittenheim...............	1 *et dem.*
Le 3.e cheval réciproquement pour l'année.	
Ittenheim* à STRASBOURG*...........	1 *et dem.*
Le 3.e cheval réciproquement pour l'année.	

COMMUNICATIONS

De Nancy à Sarrelouis, 13 postes et demie.

De NANCY à Champenoux.............	1 *et dem.*
Champenoux à Château-Salins.........	2.
Le 3.e cheval réciproquement pour l'année.	
Château-Salins à Baronville...........	2.
Le 3.e cheval réciproquement pour 6 mois.	
Baronville à Foulquemont............	1 *et dem.*
Foulquemont à Fouligny.............	1.
Fouligny à Saint-Avold.............	2.
Saint-Avold à Uberhern............	2.
Uberhern à Sarrelouis (*Poste étrangère*)...	1 *et dem.*
De Baronville à Grostenquin...........	1 *et dem.*
Grostenquin à Saint-Avold............	2.
De Saint-Avold à Altrof..............	2.
Altrof à Dieuze....................	2.
De STRASBOURG* à Kehl (*1 poste française*).....	*11 trois q.*
De Saverne à Wiltheim..............	2.
Wiltheim à Stutzheim..............	1 *un qu.*
Stutzheim à STRASBOURG*...........	1 *et dem.*

NOMS DES RELAIS.	POSTES.
ROUTE DE PARIS à STRASBOURG, *Par Metz*, 60 postes.	
De PARIS à METZ (*voyez* page 128)............	39 et dem.
METZ* à la Horgne	1 et dem.
La Horgne à Solgne......................	1 un qu.
Le 3.ᵉ cheval réciproquement pour l'année.	
Solgne à Delme.......................	1 et dem.
Le 3.ᵉ cheval réciproquement pour l'année.	
Delme à Château-Salins...................	1 et dem.
Le 3.ᵉ cheval réciproquement pour l'année.	
Château-Salins à Moyenvic.................	1.
Moyenvic à Bourdonnay...................	2.
Bourdonnay à Heming....................	2 et dem.
Le 3.ᵉ cheval réciproquement pour 6 mois.	
Heming à Sarrebourg....................	1.
Sarrebourg à Hommarting.................	1.
Hommarting à Phalsbourg.................	1.
Phalsbourg à Saverne....................	1 et dem.
Le 3.ᵉ cheval pour l'année, de Saverne à Phalsbourg, sans réciprocité.	
Saverne à Wasselonne...................	1 trois q.
Le 3.ᵉ cheval réciproquement pour 6 mois.	
Wasselonne à Ittenheim..................	1 et dem.
Le 3.ᵉ cheval réciproquement pour l'année.	
Ittenheim* à STRASBOURG*..............	1 et dem.
Le 3.ᵉ cheval réciproquement pour l'année.	
COMMUNICATIONS	
De Wasselonne à Obernheim...............	2 et dem.
Obernheim à Schelestat	2 et dem.
D'Obernheim à Neustadt, 15 postes un quart.	
D'Obernheim à Entzheim.................	1 et dem.
Entzheim à STRASBOURG*...............	1 et dem.
STRASBOURG* à Brumpt.................	2.
Brumpt à Haguenau....................	1 et dem.

NOMS DES RELAIS.	POSTES.
De Haguenau à Sultz	2.
Sultz à Wissembourg............	1 *trois q.*
Wissembourg à Barbelroth.	1 *et dem.*
Barbelroth à Landau. ⎱ (*Postes étrangères*) .	1 *et dem.*
Landau à Neustadt. ⎰	2.
De Landau à Kandel................	1 *et dem.*
Kandel à Lauterbourg..............	1 *et dem.*
Lauterbourg à Wissembourg	2.
De Lauterbourg à ..... ⎰ Carlsruhe. ⎱ (*Postes étrang.*)	3.
⎱ Rastadt.. ⎰	2 *et dem.*
De Barbelroth à Kandel. ⎱ (*Postes étrangères*)	1 *et dem.*
Kandel à Rhinzabern. ⎰	1.

DE STRASBOURG À BASLE, 15 postes.

De STRASBOURG* à Krafft...............	2.
Krafft à Frisenheim	1 *et dem.*
Frisenheim à Marckolsheim.............	2 *un qu.*
Marckolsheim à Neuf-Brisach	2.
Neuf-Brisach à Fessenheim.............	1 *et dem.*
Fessenheim à Bantzenheim..............	1 *un qu.*
Bantzenheim à Gros-Kembs.............	2.
Gros-Kembs à Saint-Louis	1 *et dem.*
Saint-Louis à Basle. (*Poste étrangère.*)	1.

De Strasbourg à Germersheim, 11 postes et dem.

De STRASBOURG* à la Wantzenau............	1 *et dem.*
La Wantzenau à Drusenheim.............	2.
Drusenheim à Beinheim...	2.
Beinheim à Lauterbourg................	2.
Lauterbourg à Rhinzabern..............	2.
Rhinzabern à Germersheim. (*Poste étrangère.*)	2.

NOMS DES RELAIS.	POSTES.

N.º 89.

ROUTE DE PARIS À TARBES. *(Hautes-Pyrénées.)*

107 postes un quart.

De PARIS à TOULOUSE (*voyez* page 147)........	90 *et dem.*
TOULOUSE* à Leguevin...................	2.
Le 3.ᵉ cheval réciproquement pour l'année.	
Leguevin à l'Ile-Jourdain................	1 *et dem.*
Le 3.ᵉ cheval réciproquement pour l'année.	
L'Ile-Jourdain à Gimont................	2.
Le 3.ᵉ cheval réciproquement pour l'année.	
Gimont à Aubiet......................	1.
Le 3.ᵉ cheval réciproquement pour l'année.	
Aubiet à AUCH......................	2.
Le 3.ᵉ cheval réciproquement pour l'année.	
AUCH à Vicnau......................	1 *trois q.*
Vicnau à Mirande....................	1 *un qu.*
Le 3.ᵉ cheval réciproquement pour l'année.	
Mirande à Miélan....................	1 *et dem.*
Le 3.ᵉ cheval réciproquement pour l'année.	
Miélan à Rabasteins..................	1 *et dem.*
Le 3.ᵉ cheval réciproquement pour l'année.	
Rabasteins à TARBES.................	2 *un qu.*

COMMUNICATIONS

De Tarbes à Cauterets, 6 postes et demie.

De TARBES à Lourdes.................	2 *et dem.*
Lourdes à Pierrefitte.................	2 *et dem.*
Le 3.ᵉ cheval pour l'année sans réciprocité.	

L

NOMS DES RELAIS.	POSTES.
De Pierrefitte à Cauterets................	1 et dem.
Le 3.e et le 4.e cheval réciproquement pour l'année.	
De TARBES à Bagnères de Bigorre..........	2 et dem.
Le 3.e cheval réciproquement pour l'année.	

N.º 90.

ROUTE DE PARIS À TOULON.

De PARIS à LYON (*voyez* page 117).

De Lyon à Toulon, 48 postes trois quarts.

De LYON à AIX (*voyez* page 124)...........	40.
Aix* à Cujes...................	4 trois q.
Le 3.e cheval réciproquement pour l'année.	
Cujes au Beausset................	2.
Le 3.e cheval réciproquement pour l'année.	
Beausset à Toulon*...............	2.
Le 3.e cheval pour 6 mois, de Toulon au Beausset, sans réciprocité.	

COMMUNICATION

De Toulon au Luc, 5 postes trois quarts.

De Toulon* à Cuers................	2 un qu.
Le 3.e cheval réciproquement pour l'année.	
Cuers à Carnoules................	1 et dem.
Le 3.e cheval réciproquement pour l'année.	
Carnoules au Luc................	
Le 3.e cheval réciproquement pour l'année.	

NOMS DES RELAIS.	POSTES.
N.º 91.	
ROUTE DE PARIS à TOULOUSE. *(Haute Gar.)*	
Voyez page 147......................	90 *et dem.*
N.º 92.	
ROUTES DE PARIS à TOURS. *(Indre-et-Loire.)*	
Par Orléans (voyez page 61).............	29 *un qu.*
Par Chartres, 29 postes.	
DE PARIS* à VERSAILLES*...............	2 *un qu.*
Nota. La distance de Paris à Versailles, aller et retour, est fixée à trois postes un quart, y compris la poste royale.	
VERSAILLES* à Coignières..............	2.
Coignières à Rambouillet..............	1 *trois q.*
Rambouillet à Épernon................	1 *et dem.*
Épernon à Maintenon.................	1.
Maintenon à CHARTRES...............	2 *un qu.*
CHARTRES à la Bourdinière............	2.
La Bourdinière à Bonneval............	2.
Bonneval à Châteaudun..............	2.
Châteaudun à Cloye.................	1 *et dem.*
Cloye à Pezou....................	2.
Pezou à Vendôme..................	1 *et dem.*
Vendôme à Neuve-Saint-Amand.........	1 *trois q.*
Neuve-Saint-Amand à Château-Regnault...	1 *trois q.*
Château-Regnault à Monnoye..........	2.
Monnoye à TOURS.................	1 *trois q.*
Le 3.e cheval réciproquement pour l'année.	

L 2

NOMS DES RELAIS.	POSTES.

N.º 93.

ROUTE DE PARIS à TROYES. *(Aube.)*

Voyez page 54 . . . . | 19 *et dem.*

N.º 94.

ROUTE DE PARIS à TULLE. *(Corrèze.)*

60 postes et demie.

De PARIS à Uzerche (*voyez* page 147) . . . . | 56 *trois q.*
Uzerche à TULLE (*voyez* page 50) . . . . | 3 *trois q.*

N.º 95.

ROUTE DE PARIS à VALENCE. *(Drôme.)*

De PARIS à LYON. (*voyez* page 117).
LYON à VALENCE (*voy.* page 124) . . . . | 13 *trois q.*

N.º 96.

ROUTE DE PARIS à VALENCIENNES.

————

Deux Routes conduisent à Valenciennes :

L'une par Senlis et Péronne ;

L'autre par Noyon et Saint-Quentin, 30 p.
trois quarts (*voyez* page 165).

Par Senlis et Péronne, 27 postes et demie.

De PARIS* au Bourget . . . . | 1 *et dem.*

NOMS DES RELAIS.	POSTES.
Du Bourget à Louvres......................	1 et dem.
Louvres à la Chapelle-en-Serval...........	1 et dem.
La Chapelle-en-Serval à Senlis............	1.
Senlis à Pont-Sainte-Maxence.............	1 et dem.
Pont-Sainte-Maxence au Bois-de-Lihus......	1 et dem.
Bois-de-Lihus à Gournay-sur-Aronde........	1 un qu.
Gournay-sur-Aronde à Cuvilly.............	1.
Cuvilly à Conchy-les-Pots................	1.
Conchy-les-Pots à Roye..................	1 et dem.
Roye à Fonches........................	1.
Fonches à Marché-le-Pot.................	1.
Marché-le-Pot à Péronne.................	1 et dem.
Péronne à Fins.........................	2.
Fins à Bonavy.........................	1 et dem.
Bonavy à Cambray *.....................	1 et dem.
Cambray * à Bouchain...................	2.
Bouchain à Valenciennes.................	2 un qu.
De Valenciennes * à Quievrain. *(Poste étrangère.)*	1 et dem.

ROUTE DE PARIS À VALENCIENNES,

Par Noyon et Saint-Quentin, 30 postes trois quarts.

De PARIS * au Bourget...................	1 et dem.
Bourget à Louvres......................	1 et dem.
Louvres à la Chapelle-en-Serval...........	1 et dem.
La Chapelle-en-Serval à Senlis............	1.
Senlis à Villeneuve-sur-Verberie...........	1 et dem.
Villeneuve à la Croix-Saint-Ouen..........	1 et dem.
Le 3.ᵈ cheval pour l'année, de la Croix-Saint-Ouen à Villeneuve, sans réciprocité.	
La Croix-Saint-Ouen à Compiègne.........	1.
Compiègne à Ribecourt.................	1 trois q.
Ribecourt à Noyon.....................	1 un qu.

Roupy à Saint-Quentin*........................ 1.

Saint-Quentin* à Bellicourt*................... 1 et dem.

Bellicourt à Bonavy........................... 1 trois q.
Le 3.ᵉ cheval réciproquement pour 6 mois.

Bonavy à Cambray*........................... 1 et dem.

Cambray* à Bouchain......................... 2.

Bouchain à Valenciennes...................... 2 un qu.

COMMUNICATIONS

e Ham à Beauvois............................. 1 et dem.
Le 3.ᵉ cheval réciproquement pour l'année.

De Saint-Quentin à Avesnes, 8 postes et demie.

e Saint-Quentin* à Origny.................... 2.
Le 3.ᵉ cheval réciproquement pour 6 mois.

Origny à Guise............................... 1 et dem.

Guise à l'Échelle............................. 1 et dem.

L'Échelle à la Capelle........................ 1 et dem.
Le 3.ᵉ cheval réciproquement pour 6 mois.

La Capelle à Avesnes......................... 2.
Le 3.ᵉ cheval réciproquement pour l'année.

e Bouchain à Douay*.......................... 2 et dem.

e Valenciennes* à Condé...................... 1 et dem.

Condé à Leuze. (*Poste étrangère.*).......... 2 un qu.

De Valenciennes à Laon, 11 postes un quart.

e Valenciennes* à Jalain..................... 1.

Jalain au Quesnoy........................... 1.

Quesnoy à Landrecy.......................... 1 et dem.

Landrecy à Étreux-Landernas................. 2.

Étreux-Landernas à Guise.................... 1 et dem.

POST.	NOMS DES RELAIS.	POSTES.
De Guise à Marle.		2 et dem.
Le 3.e cheval réciproquement pour 6 mois.		
Marle à LAON *.		2 trois q.
Le 3.e cheval réciproquement pour l'année.		
De Valenciennes * à Jalain . . . , ...		1.
Jalain à Bavay		1 et dem.
Bavay à Maubeuge		1 et dem.
De Maubeuge à Coursolre		1 et dem.
Coursolre à Barbançon. *(Poste étrangère.)*		1 et dem.

De Maubeuge à Givet, 9 postes et demie.

POST.	NOMS DES RELAIS.	POSTES.
De Maubeuge à Avesnes		2.
Le 3.e cheval pour 6 mois, d'Avesnes à Maubeuge.		
Avesnes à Trelon		2.
Le 3.e cheval réciproquement pour l'année.		
Trelon à Chimay		1 et dem.
Le 3.e cheval réciproquement pour l'année.		
Chimay à Marienbourg	*Poste étr.*	1 et dem.
Le 3.e cheval réciproquement pour l'année.		
De Marienbourg à Givet		2 et dem.
Le 3.e cheval réciproquement pour l'année.		
De Chimay à Rocroy.		3 un qu.
Le 3.e cheval réciproquement pour l'année.		
De Maubeuge à Mons. *(Poste étrangère.)*		2 et dem.
De Chimay à Beaumont. .		3 et dem.
Beaumont à Grandreng. *(Postes étrangères.)* . .		2.
Grandreng à Mons. . . .		1 trois q.
De Rocroy à Maubert-Fontaine		2.
Le 3.e cheval réciproquement pour 6 mois.		

De Rocroy à Charleroy, 8 postes et demie.

De Rocroy à Marienbourg.................... | 2 *et dem.*
Le 3.ᵉ cheval pour l'année.

Marienbourg à Philippeville. ⎫ *(Postes étrangères.)* | 2.
Philippeville à Charleroy. . . ⎭ | 4.

D'Avesnes à Lonny,. 8 postes trois quarts.

D'Avesnes à la Capelle.................... | 2.
Le 3.ᵉ cheval réciproquement pour l'année.
La Capelle à Hirson.................... | 1 *trois q.*
Le 3.ᵉ cheval réciproquement pour l'année.
Hirson à Bellevue.................... | 1 *et dem.*
Le 3.ᵉ cheval pour 6 mois, de Bellevue à Hirson, sans
réciprocité.
Bellevue à Maubert-Fontaine.............. | 2.
Le 3.ᵉ cheval réciproquement pour l'année.
Maubert-Fontaine à Lonny................ | 1 *et dem.*

De Valenciennes* à Saint-Amand............ | 1 *et dem.*
Saint-Amand à Tournay. *(Poste étrangère.)* ... | 2 *un qu.*
Le 3.ᵉ cheval pour 6 mois.

N.º 97.

ROUTE DE PARIS À VANNES. *(Morbihan.)*

54 postes un quart.

De PARIS à Mayenne (*voyez* page 70)........... | 31.
Mayenne à Ernée.................... | 3.
Le 3.ᵉ cheval réciproquement pour l'année.
Ernée à Fougères.................... | 2 *et dem.*
Le 3.ᵉ cheval réciproquement pour l'année.
Fougères à Saint-Aubin-du-Cormier.......... | 2.
Le 3.ᵉ cheval réciproquement pour l'année.
Saint-Aubin-du-Cormier à Liffré............ | 1.
Le 3.ᵉ cheval réciproquement pour l'année.

NOMS DES RÉLAIS.	POSTES.
De Liffré à RENNES*................................	2.
Le 3.ᵉ cheval réciproquement pour l'année.	
RENNES* à Mordelles.......................	2.
Le 3.ᵉ cheval réciproquement pour 6 mois.	
Mordelles à Plelan.........................	2 et dem.
Le 3.ᵉ cheval réciproquement pour 6 mois.	
Plelan à Ploermel..........................	3.
Le 3.ᵉ cheval réciproquement pour l'année.	
Ploermel au Roc-Saint-André...............	1.
Le 3.ᵉ cheval réciproquement pour 6 mois.	
Roc-Saint-André à Pont-Guillemet..........	2.
Le 3.ᵉ cheval réciproquement pour l'année.	
Pont-Guillemet à VANNES	2 un qu.
Le 3.ᵉ cheval réciproquement pour l'année.	

COMMUNICATIONS

De VANNES à Lominé.......................	3 un qu.
Le 3.ᵉ cheval réciproquement pour l'année.	
Lominé à Pontivy..........................	2 trois q.
Le 3.ᵉ cheval réciproquement pour l'année.	

De Fougères à Saint-Malo, 9 postes.

De Fougères à Antrain......................	3.
Le 3.ᵉ cheval réciproquement pour l'année.	
Antrain à Dol	3.
Le 3.ᵉ cheval réciproquement pour l'année.	
Dol à Saint-Malo..........................	3.
Le 3.ᵉ cheval réciproquement pour l'année.	

N.º 98.

ROUTE DE PARIS À VERSAILLES. *(S.-et-Oise.)*

Voyez page 141..........................	2 un qu.
De VERSAILLES* à Saint-Germain-en-Laye*......	1 et dem.

NOMS DES RELAIS.	POSTES.
De VERSAILLES * à Orsay	2.
Orsay à Arpajon	2.
De VERSAILLES * à Berny	2.
De Berny à Orsay.	1 et dem.
Orsay à Dourdan.	3.
Dourdan à Étampes.	2.
De Dourdan à Ablis.	2.
Ablis à CHARTRES.	3 un qu.
De Dourdan à Rambouillet.	3 et dem.
D'Ablis à Rambouillet.	2.

N.º 99.

ROUTE DE PARIS À VESOUL. (*Haute-Saone.*)

Voyez page 54.	43 et dem.

FIN.

POST.

TABLE ALPHABÉTIQUE

DES DISPOSITIONS RÉGLEMENTAIRES

ET DES ROUTES DE POSTE.

———

FIN DE LA TABLE DES MATIÈRES.

TABLE ALPHABÉTIQUE

DES

RELAIS DE POSTE.

A

ABBEVILLE, *pages* 48, 49, 78, 80.
Ablis, 170.
Agen, 41, 42.
Aigueperse, 89.
Aiguillon, 41.
Ailly-le-Haut-Clocher, 80.
Airaines, 78.
Aire *(Pas-de-Calais)*, 50, 103.
Aire *(Landes)*, 146.
Aix *(Bouches-du-Rhône)*, 97, 125, 126, 162.
Aix *(Mont-Blanc)*, 83.
Aixe, 64.
Aizy-sur-Armançon, 98.
Albens, 83, 84.
Alby, 42.
Alençon, 43, 45, 71.
Aliquerville, 109.
Altkirch, 56, 57.
Altrof, 130, 158.
Alzonne, 150.
Amboise, 62.
Amiens, 46, 47, 79, 103, 113.
Ampilly, 57, 122.
Ancenis, 142.
Ancy-le-Franc, 98.
Andresieux, 91.
Anet, 73.
Angers, 112, 142, 143.
Angerville, 61, 147.

A

Angoulême, *pages* 63, 116.
Annecy, 84.
Anse, 119, 123.
Antibes, 126.
Antrain, 169.
Arbois, 59, 123.
Arbret (L'), 49, 113.
Arcis-sur-Aube, 82, 138.
Ardres, 80.
Argent, 70.
Argentan, 43, 44.
Argentat, 50.
Argenton, 148.
Armentières, 103.
Arnas (Les), 120, 121.
Arpajon, 61, 147, 170.
Arras, 49, 50, 113, 114.
Artenay, 61, 62, 147.
Artix, 54.
Aspach, 60, 92.
Astafort, 42.
Aubagne, 125.
Auberive, 124.
Aubiet, 161.
Aubusson, 107.
Auch, 42, 161.
Aumale, 47, 79.
Aumetz, 131.
Auray, 67.
Auriac, 146.
Aurillac, 50.

M

C

C

D

M

V

V

W

X

Y

FIN DE LA TABLE.